사랑의 조건

THE EDEN PROJECT
In Search of the Magical Other

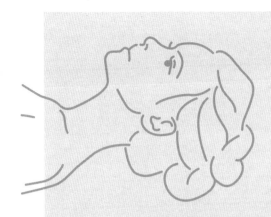

사랑의 조건

융 심리학으로 보는 친밀한 관계의 심층심리

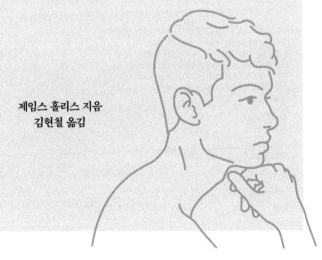

제임스 홀리스 지음
김현철 옮김

더퀘스트

융 심리학으로 보는 친밀한 관계의 심층심리

사랑의 조건

초판 발행 · 2022년 7월 20일
초판 2쇄 발행 · 2022년 11월 25일

지은이 · 제임스 홀리스
옮긴이 · 김현철
발행인 · 이종원
발행처 · (주)도서출판 길벗
브랜드 · 더퀘스트
출판사 등록일 · 1990년 12월 24일
주소 · 서울시 마포구 월드컵로 10길 56(서교동)
대표전화 · 02)332-0931 | **팩스** · 02)323-0586
홈페이지 · www.gilbut.co.kr | **이메일** · gilbut@gilbut.co.kr
대량구매 및 납품 문의 · 02) 330-9708

기획 및 책임편집 · 박윤조(joecool@gilbut.co.kr) | **제작** · 이준호, 손일순, 이진혁
마케팅 · 한준희, 김선영, 이지현 | **영업관리** · 김명자, 심선숙 | **독자지원** · 윤정아, 최희창

디자인 · 유어텍스트 | **교정교열 및 전산편집** · P.E.N. | **CTP 출력 인쇄 제본** · 북솔루션

ISBN 979-11-407-0050-9 03180
(길벗 도서번호 040150)

정가 17,000원

머리글

유리창에 부딪치는 새

우리 집 홈오피스 공간은 두 면 반 정도가 유리벽으로 되어 있고, 나머지 면에는 책이 담긴 상자와 그림 등이 놓여 있다. 한 2년쯤 전부터였을까, 수컷 홍관조 한 마리가 매일 두서너 번 모습을 드러내고는 창문에 거듭 부딪쳐댄다. 창가에 선반을 달아 이런저런 물건을 올려놨는데도, 최근한 달 사이에는 거의 매일 계속 창문에 부딪치고 있다. 이제는 내담자들조차 익숙해졌다. 어느 날 겁에 질린 듯 수동적이기만 한 남편과의 결혼생활을 억지로 지속하던 한여성 내담자가 이렇게 말했다. "머리를 유리벽에 찧는 기분이에요. 남편의 모습이 건너편에 보이지만 저한테는 닿지 않죠." 홍관조가 늘 하던 대로 창문에 머리를 부딪치던 행동으로 말미암아 그 순간 내담자는 자신의 상황을 매우 명확히 깨달았을 뿐만 아니라 심지어 그 모습을 보며 웃을 수 있게 되었다.

조류학 이론가를 자처하는 여러 사람이 홍관조의 행동에 관한 가설을 내놓았다. 공격성이 매우 강한 성격이라 유리창에 비친 자기 모습을 보고서는 다른 홍관조인 줄 알고 공격하려 한 것이라 말하는 사람도 있었지만, 이 새는 자기 짝을 잃어버린 상태였으며 유리창에 비친 자기 모습을 보고 잃어버렸던 짝을 찾았다고 생각한 것이라고 설명하는 사람도 있었다. 사실이든 아니든 나로서는 뒤의 설명이 더 그럴듯하게 느껴진다. 채울 수 없는 갈망을 지닌 채 새는 환희에 가득 차 자신의 짝을 향해 날아가고 또 날아가지만, 남는 것은 창에 부딪힐 때마다 느끼는 충격뿐이다. 나는 실제로 이 새의 짝과 그들의 새끼들을 2년쯤 전에 목격한 적이 있지만, 이제는 보이지 않는다. 그래서 창에 비친 자신의 모습을 자기 짝이라고 생각한다는 이론에 나는 더욱 마음이 끌린다. 사실이라면 너무 가슴 아픈 일이다. 우리의 모습이 이와 똑같지 않은가.

분명히 이 새는 행동수정 기법behavioral modification*이

---

* 심리학, 체육학, 임상적 상황 등에서 증상을 좀 더 안정화하고 행동을 좀 더 효과적으로 바꾸기 위해 사용하는 각종 기법. 조건화, 혐오 치료, 이완화

나 부적 강화negative reinforcement* 등에 완강하게 저항하는 모습이지만, 유리창에 비친 자기 모습에 스스로 매혹되었다는 사실을 떠올리며 의식으로 끌어올릴 희망은 남아 있지 않을까 하는 상상을 해본다. 사실 자신의 짝이 영원히 떠나버렸음을 알고 있으면서도 보이지 않는 벽을 향해 계속 달려드는 이유는, 자신이 계속 무언가를 희망하며 찾아 헤매고 있기 때문이라고 나는 상상해본다. 그리고 이 행동은 영원히 멈추지 않을 것이다.

2차 세계대전 시기 나는 아직 어린아이였는데, 그때 인기 있던 노래 중에 〈지금이 바로 그때Now is the Hour〉라는 곡이 있었다. 이 노랫말 중에 인상적인 구절이 있다.

> 당신은 곧
> 저 먼 바다로 항해를 떠나겠지
> 멀리 있더라도
> 나를 기억해주오
> 그대 다시 돌아올 때
> 내가 기다리고 있으리

등이 있다 - 옮긴이.
* 행동을 수정하기 위해 사용하는 자극의 한 종류로, 보상이 아닌 불쾌한 자극을 말한다. 행동수정 대상이 바람직한 행동을 할 때마다 불쾌한 자극을 제거해줌으로써 바람직한 행동을 강화하는 효과를 낳는다 - 옮긴이.

당시 나는 군인들이 전장으로 떠나는 걸 지켜보러 기차역에 가본 적도 있고, 신문에 올라온 사상자 명단이나 이웃집 창가에 보이던 금색 별이 무슨 의미였는지 알고 있었다. 나는 거리 모퉁이에서 이 노래를 부르며 창피하다는 생각도 없이 흐느껴 울곤 했다. 왜 그랬는지 지금도 설명만 할 수 있을 뿐 제대로 이해하지는 못한다. 지금 와서 그저 이렇게 결론 내릴 수 있을 뿐이다. 당시 나는 애착과 상실, 분리불안separation anxiety, 그리움 등이 무엇인지는 물론이고 누구나 마지막에는 죽음으로 이별하게 된다는 사실, 그리고 그 노랫말이 인간의 가슴 아픈 인생 여정에 관한 내용이라는 걸 어설프게나마 알고 있었기 때문이라고 말이다.

지금 이 글을 쓰는 와중에도 홍관조는 덧없는 자신만의 작업을 되풀이하고 있다. 우리도 마찬가지다.

들어가며

모든 인간관계는 단절된 상태에서 시작하여 단절되며 끝난다.

우리는 어머니의 배 속에서 우주의 파동 및 리듬과 처음으로 이어진다. 그러다 탄생과 더불어 어머니Mother*는 물론 우주, 그리고 신과의 연결이 완전히 끊어진다. 그리고 우리가 살면서 맺는 모든 관계는 단절로 끝난다. 우리에게 으스스하게 웃음 짓는 죽음이라는 이름의 이 손님은 심지어 우리가 결혼식을 올릴 때조차 의례의 일부가 된다. 신랑과 신부가 서로에게 영원한 헌신을 맹세하는

* 여기서는 단순히 생물학적인 의미가 아니라 생명을 관장하는 '대지의 어머니' 같은 의미로 봐야 한다 - 옮긴이.

지금, 결국에는 어쩔 수 없이 서로를 잃어버릴 것이라고 맹세하는 것과 같음을 깨달을 수밖에 없기 때문이다.

부부 중 한쪽이 다른 쪽을 떠나가는 일은 어처구니없을 정도로 빨리 찾아온다. 이혼을 말하는 게 아니다. 통계에 따르면 남성은 여성보다 7년 정도 먼저 세상을 떠난다. 하지만 확률 법칙에 따르면 아내가 먼저 세상과 작별할 가능성도 있다. 부부가 동네 레스토랑에서 저녁을 먹고 집으로 돌아오는 길에 운명의 장난으로 다른 차량과 정면충돌 사고가 일어난다고 생각해보라. 누구라도 그럴 수 있다고 생각하지 않을까. 어느 쪽이든 상실로 말미암아 고통받는 건 마찬가지다. 부부가 같이 탄 비행기가 추락하는 경우라면 마지막 순간까지 둘은 함께였다고 말할 수도 있을지 모르겠으나 이때도 실은 서로를 잃어버림으로써 관계가 끝나는 것이다. 적어도 애정관계에서 가장 두드러지는 모습, 곧 한쪽이 다른 쪽을 돌봐주며 보살피는 모습을 더는 볼 수 없다는 사실에는 변함이 없다.

그런데 어쩌면 더욱 심각한 일은, 이들이 자기 생애를 한층 더 깊고 미묘하게 잃어버린 관계 속에서 살아왔다는 사실일지 모른다. 최선의 자기 자신과 관계를 맺지 못한 채 삶이라는 여정 대부분을 시달리며 보내왔을 것이라는 얘기다. 우리는 타인과 신, 그리고 최악의 경우 자신에게서도 멀어진 삶을 산다. 우리는 모두 직관적으로 그 사실을 알고 있다. 자신의 가장 큰 적은 자기 자신임을 우리는 안다. 끊어진 관계를 회복하고 안식처를 찾으려 애쓰지만, 결국에는 다른 식으로 그냥 내버려둘 따름이다. 우리에게 돌아갈 곳이란 없을지도 모른다. 아무리 애써본들 어머니의 자궁 속으로 되돌아갈 수는 없으며, 언젠가는 거룩한 안식처를 찾을 수 있다고 자신하는 사람도 거의 없다. 그래서 우리는 살아가지만 머물 곳은 없다. 알든 모르든 간에 말이다.

지난 몇 년간 나는 (가을, 겨울, 그리고 봄에) 한 달에 두 번꼴로 북미와 그 외 지역에서 강의, 세미나, 워크숍을 진행했다. 발표 제목과 상관없이 참석자들의 질문은 대부분 애정관계에 관한 것이었다. 애정관계가 중요하다는 증거인가? 물론 그렇다. 애정관계의 중요성이 과대평가되고 있다는 의미인가? 당연히 그렇다. 어디에나 존재하며 긴급할 때도 많은 애정관계 관련 질문들을 재구성하도록 요구하고 나아가 더 큰 맥락으로 연결하는 무언가가 세상의 이면에서 벌어지고 있는가? 두말할 나위 없이 그렇다.

이 책은 기본적으로 애정관계에서의 심리적 역학을 다룬다. 생각과 반응을 일으키는 한편, 우리 문화 속에 일반적으로 퍼져 있는 인간관계에 관한 환상을 바로잡는 수단이 되어 독자가 스스로 답을 발견하도록 만드는 것이

목적이다. 이 책의 의도는 관계 문제를 해결하는 방법에 관해 실용적 지침을 제공하는 게 아니다. 독자가 애정관계의 본질에 관해 깊이 성찰하는 한편 그 속에서 더 커지는 개인의 책임에 관한 목표를 제시하며, 타인에게서 구원을 얻으려는 환상에서 벗어나 자신의 성장 자체를 갈망하도록 영감을 제공하려는 노력의 일환이다. 독자에 따라서는 이 책의 전제가 실망스러울 수도 있을 것이며 나조차도 사실 크게 마음에 들지는 않지만, 그래도 현재 우리의 대중문화 속을 떠다니는 여러 가지 대안보다는 윤리적이면서 실제로도 더 도움이 된다고 생각한다.

이 책에서 나는 자신self(우리 자신을 뜻한다)과 타자Other*라는 용어를 사용한다. 성별과 문화에 따라 달라지는 게 아니라 보편적 인간관계에 존재하는 요소를 가려내기 위해 의도적으로 구분한 것이다. 그러므로 '자신'과 '타자'라는 용어는 이성 간뿐만 아니라 동성 간의 애정관계에도 마찬가지로 적용할 수 있다.

'자신'이라는 용어는 (자기Self와 혼동하지 말도록 하자. '자기'는 융이 인간의 전체 지향성holistic intentionality

---

* O가 대문자로 되어 있다. 이 책에서는 정해져 있지 않은 누군가로서의 '타인', 또는 자신과 관계를 맺고 있는 '상대' 두 가지의 의미로 사용하기 때문에 맥락에 따라 '타자' 또는 '상대'로 옮겼다 – 옮긴이.

을 가리키기 위해 사용한 용어다) 우리 내면에 자리잡은 거대한 수수께끼 중 우리가 알아낼 수 있는 건 극히 미미한 일부분이라는 사실과는 별개로, 우리가 스스로의 존재에 관해 의식적으로 갖는 감각을 가리키기 위해 사용한다. 마찬가지로 '타자'는 우리의 정신적 신화 속에서 타인의 존재가 얼마나 거대해질 수 있는지 알리기 위해 대문자를 사용하여 표현했다. 아이에게 타자로서의 부모는 어른에게 신만큼이나 무한히 큰 존재다. 모든 애정관계에는 독자성이 있으며 시간·장소·문화·가족 등의 특수성에 크게 영향을 받는 것은 분명 사실이지만, 이들 용어를 사용하는 의도는 이와 별개로 애정관계의 보편적이며 원형적인 역학 구도를 환기하기 위해서다.

또 이 책에서 '결혼marriage'이라는 용어는 개인의 법적인 결합 형태가 아니라 성별이나 성적 지향과 무관하게 두 사람이 서로에게 깊이 헌신하겠다는 약속의 의미로 사용하는 경우가 있다. 결혼을 맹세한다고 해서 무엇 하나 확실하게 보장되지는 않지만, 그럼에도 결혼 맹세는 신실하고 오래가는 깊이 있는 관계를 맺겠다는 표현이다. 결혼이 내재적으로 요구하는 사항 중 하나는 문제가 생길 경우 두 사람이 회피하지 말고 맞서서 함께 헤쳐나가야 한다는 것이다. 그러므로 "진실하게 맺어진 두 마음 앞에 장애물을 받아들이는"* 일은 없도록 하자.

이 주제를 파고들기 위해서는 애정관계가 지닌 다면적 성격을 탐구해야 한다. 어떤 애정관계든 그 성격은 우리가 최초로 맺는 관계들로부터 파생되며, 우리는 이를 내면화하여 무의식적이며 현상적인 관계로 받아들인다는 사실을 인정해야 한다. 우리가 경험하는 연애의 깊이, 방향, 그리고 주요 요소는 모두 최초의 관계 경험에서 나온다. 따라서 우리가 자기 자신은 물론 타인, 그리고 궁극적으로는 완전한 타자Wholly Other, 곧 초월적 존재**와 교류하는 방식이 파생되는 원천인 '자신'에 관한 감각이 어디에서 기원하는지 탐구할 필요가 있다.

이 책을 관통하는 한 가지 사상이 있다면, '우리가 타인과 맺는 애정관계의 질quality은 우리가 자기 자신과 맺는 관계와 정비례한다'는 것이다. 자기 자신과 맺는 관계는 무의식 수준에서 작동하므로 타인 및 초월적 존재와의 관계에서 생기는 드라마와 역학관계는 대부분 우리 자신의 심리를 표현한다. 그렇다면 타인과의 관계에서 그리고 초월적 존재와의 관계에서 우리가 할 수 있는 최선은 우리 자신과의 관계를 더 의식적으로 만드는 일이다.

이는 자기도취적 행동이 아니라 사실은 우리가 타자

---

* 셰익스피어의 소네트에서 인용한 구절이다 – 옮긴이.
** 여기서는 신을 가리킨다 – 옮긴이.

를 위해 할 수 있는 가장 애정 어린 일이다. 최선의 자기 자신이야말로 우리가 타인에게 줄 수 있는 가장 큰 선물이다. 역설적이긴 하지만 그렇기에 우리는 애정관계에 충실하려면 내면을 찾는 여정이 필요하다는 사실을 긍정적으로 받아들여야 한다.

차
례

1장

잃어버린 낙원

'자기Self'를 찾아서

과거와 현재를 막론하고 모든 문화권에서 '잃어버린 낙원'에 관한 신화가 존재했다는 사실은 우연이 아니다. 이러한 참사는 신의 은총이 사라지거나 신과의 이별 또는 단절의 형태로 묘사되곤 했으며, 그 이유는 인간이 죄를 저질렀기 때문이기도 하고, 신이 변덕을 부렸기 때문이기도 하다고 한다. 지금은 그 축복받은 낙원이 어떤 곳인지 기억한다고 주장하는 사람이 없지만, 먼 옛날 아나사지 Anasazi*의 선조들은 기억했던 것 같다. 이야기로 전해지는 바에 따르면 이들은 행복의 정원에 살고 있었으나, 현재를 사는 우리는 거기에 속하지 못한 채 낯선 타인이 되어 떠돌 뿐이다.

이 부족적tribal 기억은 우리가 탄생하는 동시에 갖는 트라우마, 곧 어머니의 몸에서 떨어져나와 다시는 되돌아갈 수 없다는 사실을 신경학적으로 재현하는 홀로그램 같

---

* 기원전 200년부터 기원후 1500년대까지 존속한 북미 원주민과 그 문명 – 옮긴이.

은 것에 불과할지도 모른다. 창세기 신화 속 에덴동산에는 나무 두 그루가 있는데, 여기서 단서를 찾을 수 있을지도 모르겠다. 하나는 생명나무Tree of Life, 다른 하나는 선악나무Tree of Knowledge다. 생명나무의 열매는 따서 먹어도 괜찮지만, 선악나무의 열매인 선악과를 먹는 순간 인간은 낙원에서 추방된다. 생명나무 또는 이 나무와 무의식적으로 이어진 삶에서 벗어나 선악나무로 옮겨가면서(다시 말해 문명이 탄생하면서) 인류는 친숙하고 익숙하던 것에서 벗어나느라 고통받은 의식을 받아들인다. 의식은 주체subject와 대상object이 분리되어야만 생겨난다.

　　의식이라는 게 언제부터 존재했는지, 갈라져나온 경험의 파편이 언제 다른 경험의 파편과 결합하여 '저것'과 구별되는 '이것', '너'와 구분되는 '나'의 형태가 되었는지 우리는 기억하지 못한다. 그러나 예측도 통제도 할 수 없는 이 순간으로부터 '자기감sense of self'이 생겨난다. 이렇게 생겨난 자아ego는 상처받기 쉽기에 임시 정체성이나 지나칠 정도의 자신감을 만들어 보호해야 한다. 자아는 마치 창조주처럼 굴지만, 실은 자신이 탄생할 때의 아픈 기억이 만들어낸 그림자 속에서 두려움에 떨고 있다. 태고의 혼돈에서 오랜 시간 솟구쳐 올라와 빠져나오는 동안 자아가 수천수만 번의 변신을 얼마나 재빠르게 받아들이며, 자신을 되돌려 주저앉히려는 움직임에는 얼마나 위협을 느끼는지!

융이 '자아'와 구별되는 '자기Self'라는 용어를 사용한 것은 우리가 이 세상에 존재한다는 신비로운 사실에 경의를 표하기 위해서다. 신과 마찬가지로 자기는 근본적으로 알 수 없는 존재다. 자기는 어떤 대상이나 목표가 아니라 행동이자 과정이다. 제러드 맨리 홉킨스Gerard Manley Hopkins는 이를 다음과 같이 아름답게 표현했다.

사라지는 모든 존재가 똑같이 하는 한 가지가 있으니
자신 안에 사는 제 존재를 나눠주는 것.
자기 자신의 길을 간다. "나 자신"이라고 말하고 쓴다.
내가 하는 행동이 곧 나이며, 내가 온 이유라 외치며.[1]

자기란 생명체가 가진 합목적성, 최대한 온전히 그 형태를 갖춘다는 목적을 달성하려는 의도다. 꽃이 활짝 피어나려면 뿌리와 줄기가 받쳐줘야 하는 것처럼 '자기'로 통합된 생명체는 뿌리, 줄기, 꽃, 수술과 암술 등의 다양한 부분을 통해 표현된다. 신체, 정서, 인지, 증상, 꿈에 등장하는 이미지 등을 통해 자기가 어떤 의도를 가졌는지 표현할 수 있다 해도 자기 자체는 알 수 없는 존재다. 자기가 가진 의도를 '읽어'내는 것은 융 심리학 기반 심리치료에서 가장 중요한 과제이자 치료 과정의 핵심이다. 자기로 말미암아 생명체에 온전함이 생기는 것은 물론 신비롭고도 자율적인 활동이 구현되기 때문에 우리가 자기를 이해할 수 있는 것은 기껏해야 수영하는 사람이 바다에 관해 아는 정도, 또는 사상가가 천국의 지붕에 관해 그릴 수 있는 정도에 지나지 않는다. 그러므로 상처받기 쉬운 자아는 자기란 영원히 알 수 없는 미지의 존재라는 것을 '인식'하는 데 만족해야 한다.

그래서 우리는 자신을 온전히 알고 있다고 생각한다 해도 실제로는 항상 부분을 알 뿐이다. 자신을 온전히 알고 있다는 말처럼 오만하고도 어리석은 주장도 없다. 그리스 비극에서는 주인공이 자기 자신을 완전히 알고 있다고 말할 때마다 땅이 울려댄다. 그 순간에 신이 자기 할 일을 시작하는 것이다. 다시 말해 주인공에게 충격을 주어 주인공을 소크라테스식 문답법*에서와 같은 올바른 겸손함으로 되돌리려 하는 것이다. 융은 신경증neurosis이란

---

* 소크라테스가 상대방의 무지를 일깨우려는 목적으로 자주 사용한 방법. 어떤 개념이 무엇인지 물어 상대가 대답하면, 그 대답이 적용되지 않는 반대 사례를 제시해서 난관에 빠뜨린다. 이렇게 상대방을 막다른 골목으로 몰아넣어 자신은 알고 있다고 생각하지만 실은 알지 못함을 일깨워준다 - 옮긴이.

기분이 상하거나 외면당한 신과 같다고 말한 적이 있다. 자아가 얼마나 균형을 잃고 치우쳤는지는 곧 자아가 자기의 넓이와 깊이 그리고 다양성을 부정하는 정도를 반영한다는 뜻이다.

낙원에서 살던 꿈같은 시간에 종지부를 찍고 나면 분리로 인한 충격이 어찌나 꼼꼼하고 격심한지 신경학적 경로에 선명하게 각인되어 '잃어버린 유대감lost connectedness'으로 무의식에 계속 머무른다. 어떤 애정관계에서든 주요 모티브이자 숨은 동기가 '돌아가려는 갈망'인 것은 우연이 아니다. 서문에 언급한 홍관조가 가졌던 목표이자 에덴동산으로 돌아가겠다는 우리의 목표이며, 낭만주의 시인들이 공언한 목표이자 사랑하고 사랑받는 사람들의 갈망이다. 이는 근본적으로 종교적 의미를 지닌 모색이다. 종교religion라는 말의 어원이 '~에 도로 묶다, 다시 이어지다'라는 뜻을 가진 라틴어 religare라는 사실을 봐도 알 수 있다.

의식을 얻는 유일한 방법은 타자의 상실, 그리고 타자는 진짜로 타자라는 사실을 인식하는 것이다. 아기가 우는 이유도, 에드바르 뭉크Edvard Munch의 유명한 작품인 〈절규The Scream〉의 근원도 바로 여기에 있다. 아기를 어머니의 가슴에서 떼어놓을 때 아기가 얼마나 두려워하는지, 그리고 어떻게 어머니의 젖을 찾아 물고 어머니와 다시 합쳐지기를 갈망하는지 보라. 유아를 보살피고 젖을 먹이는 일은 타자인 어머니가 함께 있다며 아이를 안심시키는 일, 그리고 아이에게 장차 일어날 어머니와의 점진적인 분리가 섬세하게 결합한 모습이다. 아기의 부담을 줄이면서도 어머니와 온전히 갈라질 수 있도록, 그리하여 성인기라는 이름의 이후 시기를 성공적으로 맞이할 수 있도록 준비하는 일이 부모가 해결해야 하는 가장 중요한 심리적 과제일 것이다. 이 과제를 어떻게 수행하는가야말로 아이가 부모에게서 물려받는 심리적 유산의 질을 결정하는 가장 큰 요소다. 아이를 안심시키면서도 점진적으로 '떠나보내는' 일은 역설적이지만 아이를 양육하는 데 핵심이다.

융은 의식의 대가를 신화 속 프로메테우스가 짊어졌던 책임에 비유했다. 프로메테우스는 빛나는 불을 훔쳐 간 대가를 자신의 피로 치러야 했다. 하루하루 지나갈수록 아이는 에덴동산에서 뛰놀던 추억에서 한 걸음씩 멀어진다. 시인 윌리엄 워즈워스William Wordsworth가 사라지는 낙원에 관해 읊은 시구를 빌려 말하면, "우리의 탄생은 잠이요 망각일 뿐"이다.[2] 딜런 토머스Dylan Thomas는 다음과 같이 표현했다.

양처럼 하얗던 그 시절에는, 시간이 내 손 그림자를 잡고

목말 태워 제비 모여드는 추녀까지 데려갈지 모른
다는 걱정 따윈 전혀 하지 않았네,
늘 떠오르는 달빛 아래
잠자리로 갈 때면
하늘 들판을 날아다니는 시간의 소리를 들을 것이
라
어느새 아이들 없는 땅을 멀리 떠나온 농장에서
깨어날지 모른다 걱정하지도 않았네.³

신의 불을 훔치는 일은 의식과 문화의 탄생에 관한
신화적 은유이지만 신경증의 원인이 되기도 한다. 주체와
대상이 내면에서 자신과 타자로 분리되기 때문이다. 점점
커져만 가는 의식이라는 짐을 불안하게 짊어지고 가는 아
이는 애착을 다시 얻으려면 어떻게 해야 하는지, 그리고
그게 불가능하다면 살아남기 위해 어떻게 해야 하는지를
필사적으로 배우려 한다. 세상을 '읽고' 그 메시지가 무엇
인지, 세상이 무엇을 가르쳐줄 수 있으며 자신에게 무엇
을 요구하는지 판독하기 시작한다. 이러한 행동은 현상학
적phenomenological이다. 전통적인 의미의 논리와 인지가 아
니라 경험에 근거한다는 뜻이다. 세상을 현상학적으로 해
석함으로써 아이에게는 감성이 생기고, 이로부터 개성의
구조와 생존전략이 흘러나온다.

부모는 아이와 이어지는 동시에 점진적으로 분리하는 이러한 과제를 온전히 감당해줄 수가 없다. 따라서 어린아이는 부모가 보이지 않으면 슬프게 울음을 터뜨린다. 어르고 달랜다고 해서 그 상처가 완전히 잊히지는 않는다. 어떤 가족이든 아이가 단서를 찾으려면 주변 환경을 읽는 방법밖에 없다. 하지만 이러한 해석방법은 한계가 있다. 아이에게 환경이란 자신의 가족에 국한되기 때문에 원하는 단서를 얻는 데는 사실 수없이 다양한 방법이 있다는 사실을 인지하지 못한다는 뜻이다. 다르게 이해할 수 있다는 인식이 충분히 생기기 전에 아이는 이런 단편적 관점에 맞춰 여러 가지 주요한 결정을 내린다. 실제로 아이가 보고, 선택하고, 존재하는 일은 신이 쥐여준 프리즘을 통해 보이는 굴절된 빛을 근거로 이루어진다. 아이는 이 프리즘이 실은 자신이 태어나 우연히 속하게 된 가족과 문화로 덮여 있다는 사실을 오랜 세월이 흐르고 나서야 깨달을 수 있을 따름이다.

우리가 자아-자신을 타자에 빗대어 읽는 일은 탄생과 더불어 시작된다. 아이는 유대감 또는 유대감의 부족을 세상 전반에 관한 명제로 받아들인다. 과연 세상은 자신을 지켜주는 믿을 수 있는 곳인가, 아니면 변덕스럽고 고통스러운 곳인가? 이러한 무언의 메시지를 현상학적으로 해석하는 데서 우리 삶의 모든 여정이 정해진다고 해도 과언은 아니다. 아이가 따뜻한 포옹이나 위안을 받지 못하면 이른바 '의존성 우울'에 시달린다는 사실을 우리는 안다. 이런 아이는 정서적으로 풍요로운 아이보다 정신적·심리적 지체를 겪기 쉽고, 심지어 삶을 위협하는 질병에 걸릴 가능성도 크다. 자연에서 생명체는 생존을 위한 수단을 지니고 태어나기 때문에 유대감의 경험이 결정적인 역할을 한다는 사실이 이상하게 보일 수도 있겠지만, 분명 실제로 그렇다.

마찬가지로 갓난아이는 세상을 다른 방식으로 해석하여 그 의미를 파악한다. 생후 6주쯤만 되어도 부모의 표정을 따라 하며 두려움, 우울, 즐거움 등의 감정을 모방한다는 사실이 발견되었다. 이런 과정에서 아이는 외부 현실 속 근거를 모색할 뿐만 아니라 타자의 감정적 현실을 예측하는데, 이 과정에서 아이가 우울하거나 불안해하는 일이 벌어지기도 한다. 유아/아동은 성인의 행동을 관찰하여 그 결과를 이 세상 전반에서 무엇을 기대할 수 있는지를 모색하는 단서로 삼는다. 예를 들어 2차 세계대전 당시 어린아이였던 나는 주변 어른들이 불안에 차 있음을 감지할 수 있었다. 전능해 보이던 어른들이 두려움에 떨 정도이니 어린아이였던 나는 참으로 무서운 세상에 태어났다고 결론 내릴 수밖에 없었다.

게다가 아이는 어른이 다른 어른이나 아이를 대하는

행동을 관찰하여 세상이 움직이는 방식은 물론 세상이 던지는 무언의 메시지를 판별한다. 아이는 "아빠는 오늘 시무룩해요. 직장에서 실망스러운 일이 있었거든요"라든가 "엄마는 우울해요. 저 때문에 그런 건 아니에요" 같은 말을 하지는 못한다. 인류학자와 심리학자들은 아이의 사고 과정에서 일어나는 일을 마술적 사고magical thinking라고 하는데, 흔히 말하는 원시문화, 유아/아동, 그리고 퇴행적 상태에 있는 사람이 보이는 사고의 특징이다.

마술적 사고의 특징은 과장grandiosity과 편집증paranoia 적 성격이다. 따라서 아이는 엄마가 아프거나 기분이 언짢으면 자기가 나쁜 생각을 했기 때문이라고, 누군가가 아프다면 그것은 바이러스 때문이 아니라 자신이 나쁜 행동을 했기 때문이라고 생각한다. 아이는 주체와 대상을 구분하는 사고 능력이 부족하다. 자신의 두려움과 무지함을 외부세계에 투사projection하고 데이터를 잘못 해석하기 때문에 전지전능한 형태의 결론을 도출해낸다. 가족의 문제는 자신의 탓이 아니며 부모가 일으킨 일이 자신과 아무 상관이 없는데도 집안 분위기에 자기 자신을 맞춰야만 했다는 사실은 아마 수십 년이 지나고 나서야 깨달을 것이다. 아이는 보통 세 살 무렵이면 자아가 확립되어 자기 자신을 잠정적으로 인지할 수 있으며, 다섯 살 정도가 되면 가족에서 떨어져나와 타인으로 구성된 집단에 속할 수 있을 정도로 자아가 강해졌다고 느낀다.*

자기 자신과 타인을 보는 감각을 편협하게 왜곡하는 현상학적 세계 해석뿐만 아니라 다른 종류의 경험 또한 장차 겪게 될 애정관계에 지대한 영향을 끼친다. 탄생 자체가 하나의 거대하고도 구조적인 상처이듯, 일상 속의 수많은 긴급한 일들 속에서 다른 상처들이 생겨난다. 바로 과다함이 낳은 상처와 결핍이 낳은 상처, 다시 말해 부모가 모든 것을 해주거나(과몰입engulfment) 아니면 부모에게서 방치되는(버림받기abandonment) 것이다. 영국의 정신의학자 D. W. 위니콧D. W. Winnicott은 "그런대로 괜찮은good enough" 부모라는 용어를 고안했는데, 덕분에 우리 모두 부모로서 한 일들에 대해 마음의 짐을 덜 수 있게 되었다.** 그럼에도 아이가 받는 상처의 중요한 원천이 부모라는 사실은 피할 수 없다. 우리는 인간이며 완벽할 수 없기에 자식에게 부정적인 영향을 끼치며, 이 상처는 자식

---

* 최근의 데이터에 따르면 어린이집에 다니는 아이가 집에서 생활하는 아이보다 사회성이 강하고 정신을 발달시키는 자극도 많이 받을 뿐만 아니라 독립적이라고 한다. 그러나 맞벌이 부모가 집에서 아이와 충분히 함께 시간을 보내지 않을 경우 정서적으로 취약해진다. 따라서 이 아이들은 적응이 빠르고 타자와 구분하여 자신을 인식할 수 있게 되지만, 인간사회에 널리 퍼져 있는 해묵은 불확실성과 공포는 여전히 내면에 도사리고 있다 - 저자.

** 위니콧은 완벽한 부모가 되어야 한다는 욕심을 버리고 '그런대로 괜찮은' 정도의 부모가 될 때 자녀의 현실 적응력이 높아진다고 말한다 - 옮긴이.

에게 평생 각인될 수밖에 없다. 부모와의 경험이 내면에 콤플렉스로 자리잡은 내담자에게서 더는 성장하지 못하고 막히거나 관계가 멈춰버린 부분이 분명히 드러난다는 건 심리치료사라면 모두가 아는 사실이다.[4]

물론 이 세상이 주는 상처에서 벗어날 수는 없으며, 벗어나는 것이 언제나 바람직한 일도 아니다. 인터넷 신문 《시애틀 포스트인텔리젠서Seattle Post Intelligencer》에서 재미있는 사례 하나를 인용한 적이 있다. 영국 리Leigh라는 곳에 사는 한 부부가 아이 입양을 신청했지만 거부당했는데, 슬프게도 그 이유는 이들의 결혼생활이 아주 행복하기 때문이었다. 이 부부가 아이를 입양한다면 아이에게 부정적인 경험을 만들어줄 수 없으며, 그 결과 아이가 세상에 충분히 적응할 수 없을 것이라는 게 결론이었다. 입양 기관에서 '자기를 발달시키는 데는 상처를 겪고 거기에 적응하는 능력이 필수적'이라는 엄청나게 현명한 판단을 내린 것이다. 그리고 그건 사실이다. 우리는 모두 인생을 살면서 상처를 겪으며, 상처는 물론 상처에 수반되는 에너지까지 자신의 일부분이 된다. 진짜 문제는 우리가 상처를 소유하는가, 아니면 상처가 우리를 소유하는가에 있다.

이러한 콤플렉스, 특히 부모의 이마고parental imago*는 정서적 에너지가 포함된 이미지로서, 개인의 이력에서 생겨난 독특하면서도 은밀한 에너지를 품고 있다. 이 에너지가 활성화하면 자아의 위치를 빼앗아 개인의 현실감각을 송두리째 뒤바꿀 힘이 생긴다. 보통 부모와 관련된 콤플렉스가 영향력이 가장 큰데, 그 이유는 그것이 개인에게 최초의 애정관계 경험을 구성하며 그 이후에도 주요 패러다임으로 남기 때문이다. 다시 말하지만 어렸을 때 생성되는 부모 관련 콤플렉스는 주관적으로 잘못 해석되기 십상이므로 개인이 이후에 맺게 되는 애정관계의 성격에 이 콤플렉스가 끼치는 영향력을 과소평가하면 안 된다.

완전히 비논리적인 행동이란 존재하지 않는다. 행동을 빚어낸 정서적 상태를 가려내보면 이는 항상 논리적, 다시 말해 정신논리적psycho-logical**임을 알 수 있다. 게다가 상처를 받을 수 있는 자극에 반응할 때 우리는 서로 완전히 정반대의 전략을 세울 수 있다는 건 익히 관찰된 사실이다. 아동기에 필수로 경험하는 두 가지 상처의 유형, 과몰입과 버림받기를 생각해보자. 두 유형의 상처에 대응하는 전략은 극단적으로 달라질 수 있다. 프랑스 속담을 빌리면 '극과 극은 서로 통한다les extremes se touchent'. 양쪽의

---

* 정신분석학에서 개인의 마음에 이상적인 모습으로 자리잡고 행동에 영향을 주는 타인의 이미지, 특히 부모의 이미지를 가리킨다 – 옮긴이.
** '심리적psychological'이라는 말과 구별하기 위해 저자가 사용한 일종의 언어유희다 – 옮긴이.

이면에는 공통적인 정신논리psycho-logic가 있기 때문이다.

삶에서 겪는 모든 트라우마가 한두 가지 범주, 곧 '지나치게 많아서' 생기는 상처 또는 '지나치게 부족해서' 생기는 상처로 구분할 수 있다고 말한다면 지나친 단순화로 느껴질지도 모르겠다. 하지만 개인이 겪는 상처의 모든 사례는 결국 과몰입 또는 버림받기라는 근본적 역학의 문제가 아닌지 한번 생각해보라. 그리고 어느 쪽이든 이에 대처하기 위해 한 개인이 무의식적으로 선택하는 행동은 똑같은 상황에서 다른 누군가가 '선택하는' 전략과 완전히 정반대일지도 모른다. 현대 심리치료의 비극은 사례 대부분을 엄밀히 정신논리적으로 다루지 않는다는 데 있다. 다시 말해 행동의 근원을 영혼까지 추적하지 않는다는 뜻이다. (심리학psychology의 어원인 psyche는 '영혼'이라는 뜻이다.) 정신역학을 이해하지 않은 채 행동을 바로잡는 건 피상적 치료일 뿐이다. 행동을 수정하거나 인식을 바꿀 수는 있겠지만, 영혼 속의 상처는 어딘가 다른 곳, 더 골치 아플 수 있는 곳에서 또다시 자신을 드러낼 뿐이다.

이제 과몰입이나 억눌림에서 비롯한 상처에 관해 생각해보자. 아이는 강력한 외부의 힘에 크게 영향을 받는다. 외부의 힘은 아직 어린 정신 안으로 쉽게 침투할 수 있기 때문이다. 예를 들어 엄마가 우울하거나 아빠가 화나 있을 때면, 부모의 행동은 물론이고 그 분위기가 만든 여러 감정이 경계를 넘어 아이의 내면으로 침투한다. 1930년대에 융이 매섭게 지적한 대로 "부모는 자식에게 신경증을 일으키는 가장 주요한 원인이 자신이라는 사실을 항상 인식하고 있어야 한다".[5] 게다가 더 심각한 일은 부모의 행동 유형뿐 아니라 부모가 미처 인식하지 못한 모든 것이 아이의 정신 형성에 막대한 영향을 끼친다는 사실이다. 융은 이렇게 설명한다.

> 아이에게 가장 강력한 정신적 영향력을 발휘하는 것은 바로 부모(조상도 해당한다. 여기서 우리가 다루는 것은 옛날부터 전해오는 '원죄'라는 심리적 현상이기 때문이다)가 이루지 못한 삶이다.[6]

융이 말한 "원죄original sin"란 영혼을 등한시하는 일로서, 가족의 시작과 더불어 존재하며 그 결과의 여파는 세대에서 세대에 걸쳐 전해진다. 융의 말대로 "아이는 부모가 살면서 이루지 못한 모든 것을 보상하는 방향으로 무의식중에 끌려간다".[7] 아이의 본성은 이를 인지하면서도 성찰하는 능력이 아직 발달하지 않은 탓에 인지한 그대로를 받아들이도록 강요받는다. 따라서 융이 관찰한 내용은 이렇다.

아이는 부모의 심리적 태도에 매우 깊이 관여하기 때문에 아동기에 발생하는 신경증적 문제의 근원을 대부분 가정의 정신적 분위기에서 찾을 수 있다는 사실은 놀라운 일이 아니다.[8]

그렇다면 아이가 타자라는 존재 앞에서 물밀듯 밀려오는 주변 환경에 무력감을 느끼지 않고 대응하려면 어떻게 해야 할까? 어릴 적에 자신과 타자의 존재를 인지한 이후로 우리는 인간관계의 인과성을 찾으려는 노력을 수십 년째 계속하고 있음을 기억하자. 이러한 인간관계가 우리 안에 일종의 원형처럼 자리잡는데, 그 중심이 되는 메시지는 '우리에겐 힘이 없다'는 것이다. 따라서 학대받은 아이는 어른이 된 후에도 자신을 학대하는 사람과 결혼하며, 학대받는 운명에서 벗어날 수 없다고 생각한다. 자신을 학대하는 사람을 진심으로 사랑해서가 아니라 자기 내면 깊은 곳에 프로그래밍된 무력감이 학대받는 고통보다 크기 때문이다. 사회복지 전문가들에 따르면, 학대당하는 피해자들은 보통 몇 차례 사고를 겪고 나서야 가해자에게서 벗어나거나 접근금지 명령을 신청한다. 처음 몇 번은 오히려 학대 행위를 정당화하려고 한다. 이는 가해자로부터가 아니라 부모-자식 간의 근원적 관계 원형이 지닌 거대한 영향력으로부터 자신을 보호하기 위해서다. 따라서 이들은 자신도 모르는 사이에 현재의 상태를 그대로 유지하기로 결탁하는 셈이다. 가해자와는 물론이고 자신이 아동기에 겪었던 무력감과도 침묵으로 결탁하는 것이다.

타자의 존재 앞에서 자신이 무력하다고 느껴진다면, 이 스트레스를 해결하기 위해 우리는 어떻게 처신해야 할까? 일상적으로 또는 부모의 기분에 따라 학대, 언어적·정서적·성적 폭력 등을 당했다면 타자와의 동일시identification 현상이 쉽게 발생한다.

이렇게 타인을 향한 투사로 이루어지는 동일시 현상이 흔히 말하는 '스톡홀름증후군Stockholm syndrome'이다. 스웨덴에서 평범한 일반인 몇 명이 반정부 테러리스트*들에게 납치당해 며칠간 억류된 사건이 있었다. 이들은 결국 풀려났지만, 억류되어 있는 동안 납치범들을 도와주었을 뿐만 아니라 이들의 정치적 신념까지 공유하는 모습을 보였다.** 공생해방군Symbionese Liberation Army이라는 집단에 납치된 뒤 이들에게 동조한 패티 허스트Patty Hearst의 사례도 유명하다.*** 인질 상태를 경험한 이들은 어린아이

---

* 저자는 반정부 테러리스트들urban guerrillas이라는 용어를 썼지만 실제로는 은행강도들이었다 – 옮긴이.
** 이 부분도 저자가 아래에 등장하는 패티 허스트의 사례와 혼동한 것으로 보인다 – 옮긴이.
*** 미국 언론재벌 가문의 딸인 패티 허스트는 1974년 2월 급진적 좌파 도

가 아니라 성인이었다. 그러나 무력감이 너무 심한 나머지 이들은 살아남기 위해 그 상황에서 힘을 가진 납치범과 자신을 동일시한 것이다. 그렇게 해야 그 상황에서 편안하게 살아남을 수 있기 때문이다. 성인들이 이럴진대 어린아이라면 어떻겠는가?

아이인 내가 막강한 타자의 존재 앞에서 무력감을 느끼고 여기서 살아남기를 원하면, 내 정신은 개체가 생존하고 공포감을 관리하는 데 초점을 맞춰 개인적 전략을 수립한다. 무력감을 나의 세계관, 반사전략, 또는 잠정인격으로 받아들임으로써 무력감과 손을 잡는 것이다.

'나는 힘이 없다'는 생각은 무의식에 자리잡고 있으나 지배력을 가지는데, 이로부터 타인을 지배하는 데 평생을 바치는 일이 전략 중 하나로 나올 수 있다. 전문 분야에서 나는 야망과 추진력이 있으며 높은 생산성을 보여주어 그에 따른 보상을 받을지도 모른다. 그러나 이렇게 이끌려가는 사람은 영혼이 평화롭지 못하다. 여기서 말하는 생산성은 무력감이 주는 공포를 방어하는 수단이기 때문이다. 애정관계에서 이런 전략은 상대를 지배하는 사람이 되거나 쉽게 지배당하는 성격을 가진 사람에게 이끌리

시 게릴라 공생해방군에게 납치당했으나, 납치범에게 감화되어 2개월 뒤 공생해방군의 샌프란시스코 은행 습격에 적극적으로 가담했다 - 옮긴이.

는 형태로 펼쳐진다. 이런 관계를 맺은 사람들은 사랑이 아닌 권력의 영역에서 움직인다.[9] 되도록 힘을 많이 가짐 으로써 어렸을 때 마음 깊은 곳에 자리잡았던 공포를 되 살리지 않으려는 것이 무력한 사람의 정신논리이기 때문 이다.

이와 완전히 정반대 전략도 똑같이 흔하게 찾아볼 수 있다. 자신에게 안녕감을 선사하는 타자의 존재 앞 에서 무력감을 느끼기 때문에 아이는 그 타자의 안녕감 에 기뻐하면서 안정을 얻으며, 타자의 안녕감을 지나칠 정도로 자신의 책임으로 받아들이는 법을 배운다. 타자 의 욕구에 맞춰 반응하면 그 타자는 내 곁에 있어줄 테 니 말이다. 직업 간병인 중 상당수는 자신의 가족관계 속 에서 타자를 치료해줌으로써 자신에게 더 잘 반응해주기 를 희망하는 아이 때의 환상과 상당 수준 자기동일시self- identification를 형성한 경우가 많다. 하지만 아이가 자신의 본성을 희생하거나 묻어버린다고 해서 아픈 부모의 병을 고쳐줄 수는 없다. 어른도 마찬가지다. 성인 초기에 형성 하는 인간관계는 이후의 삶에서 일종의 원형 역할을 하며 무의식적으로 우리를 이룰 수 없는 과제, 곧 '상처 입은 타인을 수도 없이 치료해야 한다'는 과제 속으로 밀어넣 는다.

오래전 브루스 래키Bruce Lackie는 직업 간병인들 대부분이 "어렸을 때부터 부모화parentified*를 경험했고, 가족 중에서도 책임감이 지나치게 강한 편이었으며, 중재자 역할이자 '착한 아이'로 온갖 궂은일을 떠맡았다"는 사실을 발견했다.[10] 이들은 "가족과 정신적으로도 공생해야 한다는, 자신을 짓누를 정도로 강한 책임감"을 갖고 살아간다.[11] 최근에는 에드워드 해너Edward Hanna가 이런 사람은 "초기 아동기부터 부모의 자기애적 균형 상태narcissistic equilibrium**를 유지하기 위해 자신이 필요하다는 사실을 정확히 지각한다"라고 말했다.[12]

따라서 무력감이라는 문제는 개인의 삶 전체에 걸쳐 미묘하게 작용한다. 자신이 돌봐주는 관계라는 형태에 맞추기 위해 연약하거나 상처받은 사람만 연애 상대로 선택하는 수준까지 갈 수도 있다. '선택'이라는 표현이 맞는다면 말이다(왜냐하면 이런 선택은 분명 무의식적으로 일어나기 때문이다). 한 여성 내담자의 경우, 자신의 두 번째 결혼 상대조차 자기 아버지 같은 사람이라는 사실을 깨닫자 숨이 턱 막힐 지경이었다. 내담자의 아버지는 오랫동

---

* 아이가 부모나 형제들에게 부모처럼 행동하도록 역할이 뒤집힌 상황 - 옮긴이.

** 자아와 초자아superego가 조화로운 상태를 유지하는 상황으로, 이때 자아는 초자아로부터 심각한 위협을 받을지 모른다는 두려움을 갖지 않는다. 애정 어린 부모와 순종적 자식 사이의 조화에 비유하는 경우가 많다 - 옮긴이.

안 문제 많은 삶을 살았으며 심각한 알코올의존증 환자였다. 첫 남편도 똑같은 문제가 있었던 탓에 이혼을 선택한 그녀는 술이라고는 한 방울도 입에 대지 않는 사람을 찾아 헤맸다. 마침내 그런 사람을 찾아 다시 결혼했지만, 몇 년이 지나 이 사람은 술은 안 마시지만 한 가지 직업에도 진득하게 종사하지 못한다는 사실을 알게 되었다. 결국 내담자가 가족의 정서는 물론 돈벌이까지 책임지는 신세가 되고 말았다. 이런 패턴은 어찌나 깊고도 무의식적으로 작동하면서 우리가 선택하는 것을 실제로 결정하는지!

아동기의 경험으로 형성되는 또 다른 대처 양식도 있다. 어렸을 때 다른 존재가 자신의 영역을 침범하는 느낌을 경험했다면, 늘 자신만의 정서적 공간이 필요할 수도 있다. 한 남성 내담자는 연인과 사랑을 나누는 데는 아무 문제가 없었음에도 행위가 끝난 후 서로 껴안고 있을 때면 공황에 시달렸다. 성적 행위 자체는 관계 후의 포옹보다 정서적 친밀함이 덜할 테니 그에 따른 위험도 덜했을 것이다. 이런 사람들은 자신의 연인 또한 친밀감 형성에 어려움을 겪는 유형인 경우가 많다. 그래야 함께 있을 때도 서로 간에 자기보호를 위해 거리를 두는 걸 사실상 계약처럼 만들어 정당화하고 규칙으로 삼을 수 있기 때문이다. 많은 심리치료사는 마치 발레 공연에서 보는 것처럼 '다가가고 피하는', 다시 말해 한쪽이 가까이 있으려 하지만 다른 쪽은 어느 정도 거리를 두는 걸 더 편안해하는 연애관계가 상당히 흔한 유형이라는 데 동의할 것이다. 한 쪽은 안심을 찾으며 다가가는데 다른 쪽은 이를 침범당하는 것으로 느끼고 뒤로 물러선다. 이렇게 되면 양쪽 다 불안 수준만 높아진다. 물러서는 쪽이 자기보호 공간을 원하는 욕구는 아이가 자신이 아직 하지 못하는 일을 하고 싶어하는 욕망과 같다. 타자의 침입을 막고 아직 단단하게 통합되지 못한 정신을 지키려는 욕망 말이다.

상대와 거리를 벌리거나 가까워지고 싶은 일시적인 기분이야 누구든 경험해봤겠지만, 앞에서 설명한 몇 가지 보편적인 유형은 그런 수준을 넘어 우리의 정신 이력에 깊이 프로그래밍되며 우리가 맺는 애정관계의 성격은 물론 그런 관계 속에서 우리가 내리는 결정까지 통제하는 경우가 많다. 이때의 우리는 과거에 사로잡힌 포로일 뿐이다. 우리가 사로잡혀 있으면서 정작 우리는 그 존재조차 알지 못하는 감옥이 또 있을까.

이와는 달리 부모가 주변에 있으면서도 제대로 양육이 이루어지지 않으며 말 그대로 아이를 내버리지는 않더라도 정서적으로 유기할 경우, 아이는 타자와 이어지기를 필사적으로 갈망하게 된다. 또는 정반대의 대응 전략이 생겨날 수도 있다. 아이가 가진 마술적 사고로는 자신 밖에서 발생하는 모든 것은 (자기 자신의 표출이 아니라)

타자라는 사실을 이해하지 못하기 때문에 아이는 타자가 자신을 충분히 양육해주지 않는 건 자신이 가치가 없다는 의미라고 내면화한다. 그렇게 되면 타자가 상처받고 우울하고 지치는 게 모두 내 잘못이 된다. 타자에게 나는 먹여주고 보살펴주고 사랑해줄 가치가 없는 존재이기 때문이다. 아이의 정신논리로는 '나는 내가 하는 만큼 대우를 받는다'는 것이 된다.

이렇게 위축된 자기감이 내면에 자리잡으면 나는 더이상의 고통을 피하려 숨어다니는 삶을 살게 된다. 그리하여 내 곁에 있어주지 않을 사람을 '선택'할 것이며, 프로이트가 말한 '반복강박repetition compulsion'* 속에 갇히고 말 것이다. 내면에 자리잡은 프로그램이 너무 거대한 나머지 '나는 결코 안심할 수 없을 것이다'라는 확신에 역설적으로 매우 안도하게 되는 것이다. 위축된 자기감은 영양 부족 상태인 신체와도 같다. 아무리 의지가 강하다 해도 내게 필요한 자원을 제대로 개발할 수 없는 상태라는 뜻이다. 따라서 자신에 관해서든 타인에 관해서든 이미 아는 부분을 너머로는 탐색할 수가 없다.

---

* 성장 과정에서 상처를 입었던 과정을 성장한 뒤에도 반복하려 하는 강박적 충동. 자신이 겪었던 유아기의 갈등이나 트라우마를 기억이 아닌 현실에서 찾으려 하면서 일어나는 현상이다 – 옮긴이.

양육을 충분히 받지 못한 아이가 이와 정반대 전략을 취할 수도 있다. 타자의 이마고를 필사적으로 찾아내어 자신의 결핍을 보상받으려는 것이다. 나를 보살피는 타자를 잃어버리는 일은 어마어마한 불안감을 일으키기 때문에 나를 안정적으로 자상하게 돌봐줄 타인을 미친 듯이 찾아다니며 이로 인한 긴장감을 해소하려 할 것이다. 이러한 애정관계에는 여러 면에서 중독성이 있다. 중독이란 어떤 종류든 간에 일종의 불안관리anxiety management 기법으로, 애착관계가 단절되어 생긴 스트레스를 완화하기 위해 다른 곳에서 실제적 또는 상징적 연결을 찾으려는 행위이기 때문이다. 하루에도 몇 번씩 남편에게 전화를 해대는 아내든, 아내의 친구들에게 질투심을 갖는 남편이든, 의미 있는 타자가 눈앞에 보이지 않으면 안절부절못하는 그 누구든 간에 이들 모두는 자기 손에 영원히 잡히지 않으며 본질적으로 바꿀 수 없는 것을 바꿈으로써 마음의 안정을 얻겠다는 헛된 바람을 지닌 채 헤매는 것이다.

윌리엄 포크너William Faulkner의 작품 〈에밀리 양에게 바치는 한 송이 장미A Rose for Miss Emily〉를 예로 들어보자. 이 단편소설의 주인공 에밀리는 연인이 자신을 떠나지 못하게 하려고 그에게 독을 먹여 살해한 다음, 썩어 악취를 풍기는 그 시체와 수십 년간 매일 함께 잠자리에 든다. 버림받는다는 공포는 이 정도로 거대하다. 자신이 사랑한다고 생각하는 사람과 조금이라도 떨어져 있는 걸 견디지 못하는 스토커를 생각해보라. 연애관계가 끝났다는 이유로 자살을 저지르는 사람의 정신논리가 어떻게 작동할지 생각해보라. "그 사람(타자)이 없으면 나한테 무슨 끔찍한 일이 벌어질지 모르니 난 목숨을 끊어야 해. 어차피 난 그 사람 없이는 못 살아."

공포의 탐색, 곧 아이의 상처를 치료해줄 영원하고 전지전능한 타자를 찾으려는 탐색은 이렇게 시작된다. 정서적 불안정성, 지속적 연애 불가능, 버림받을지 모른다는 깊은 공포감을 주요 특징으로 하는 이른바 경계성 인격borderline personality을 가진 내담자를 상대해보지 않은 심리치료사는 없을 것이다. 이들 슬픈 영혼은 사는 게 지옥과 같다. 사랑하는 사람에게 헌신하는 데서 오는 매일의 긴장을 제대로 다룰 수 없어서 새로운 상대가 생길 때마다 그를 강박적으로 이상적인 존재로 만들었다가 결국은 또 잃어버리는 악순환에 시달려야 하기 때문이다. 자해를 저지르는 사람들과 마찬가지로 이들도 눈물과 약을 달고 산다.

한 여성 내담자는 자신의 심리치료사를 주차장까지 따라가 그가 타고 가는 차를 쫓아간 뒤 치료사의 집 밖에 잠복해서는 그 사람의 개인번호로 전화를 거는 것으로도 모자라 치료 세션 중에 치료사를 유혹하려고까지 했다. 그 내담자는 자신이 치료사의 관심을 제대로 끌지 못하는 무가치한 존재라고 생각했다. 치료사가 자신에게 쏟는 직업적 보살핌을 신뢰하지 못했기 때문에 그와 성적인 관계를 맺으면 자기한테 진심으로 관심을 주겠거니 생각한 것이다. 성적인 관계로 이어진다 해도 결국은 정서적 진실성이 또다시 배신당할 뿐이라는 것을 뻔히 알고 있었음에도 말이다.

타자에게 버림받는 경험, 또는 그렇게 될지 모른다는 공포를 상대하는 전략은 두 가지다. 자신을 축소함으로써 고통의 되풀이를 피하는 방법, 그리고 다른 누군가와 이어지려 필사적으로 애쓰지만 대부분은 이전의 경험을 되풀이하게 할 타자를 '선택'하는 방법. 앞서 말했듯이 이 두 가지 전략 뒤에는 어렸을 때 정신에 프로그래밍된 거대한 무의식의 힘이 도사리고 있다.

이런 패턴을 겪는 것이 우리의 숙명일까? 분명 우리는 자유로운 존재이며 꼭 그렇게 행동하지 않아도 된다. 하지만 그럴 수 있으려면 이들 패턴을 의식적으로 잘 숙지해야 하는데, 우리는 대개 같은 일을 여러 번 겪고 나서야 그것이 자신에게 프로그래밍된 패턴이었음을 깨닫는다. 게다가 적어도 중년에 들어서기 전까지는 우리의 자아가 자신의 선택을 되새겨볼 만큼 충분히 강하지 않다. 젊었을 때는 의식 수준이 아직 충분하지 못하기 때문에 그렇잖아도 불안하기 그지없는 삶 속에서 자신을 의심해

볼 엄두를 내지 못한다. 물론 나이를 먹는다고 해서 의식 수준이 반드시 높아지는 것도 아니다. 결혼과 이혼을 반복하는 결혼생활의 역학 속에서 친밀함에 익숙해지지 못한 채 자꾸 새로운 애정의 상대를 찾아 나서면서도 자신이 무의식의 원형에 지배받고 있음을 깨닫지 못하는 사람이 얼마나 많은지 생각해보라.*

타자에게 투사한 이미지가 무너지는 고통을 겪거나 자신의 증상을 총체적으로 근원까지 파헤쳐봐야 우리는 비로소 진정한 적은 자신 내면에 있음을, 타자는 자신에게 보이는 것과는 다른 존재일 수 있음을, 그리고 진정한 애정관계를 위한 기반을 다지려면 개인의 동기를 깊이 따져봐야 한다는 사실을 깨달을 수 있다. 이런 깨달음은 실패, 수치, 분노, 굴욕을 겪어보지 않으면 쉽게 얻을 수 없다. 그런 끔찍한 경험을 통해서 진정한 자기성찰을 시작할 수 있으며, 그 성찰이 없으면 오래가는 애정관계를 이

---

* 내가 이 글을 작성 중이던 1997년 6월, 존경받는 목사였던 글린 "스코티" 울프Glynn "Scotty" Wolfe의 부고를 전해 들었다. 그는 88세의 나이로 하늘나라로 떠나기 전 무려 29번이나 결혼했다. 알려진 바에 따르면 아내가 해바라기씨를 먹는다거나 자기 칫솔을 쓴다는 이유 등으로도 이혼을 했다고 한다. 그의 마지막 아내는 23번의 결혼 경력으로 여성 중에서는 결혼 횟수 최다 기록을 가진 사람이었다. 그는 혼자 쓸쓸하게 세상을 떠났는데, 전처들 중 아무도 자신을 찾아오지 않았기 때문이다 – 저자.

룰 수 없다.

대상관계Object Relations라는 심리학 학파는 융 심리학을 포함한 여러 분파의 심리학자에게 영향을 끼쳤다. 대상관계라는 이름은 '원초적 대상primal objects', 이 중에 특히 어머니와 아버지가 개인이 발현하는 실제 성격operative personality 형성에 중요한 영향을 끼친다는 사실을 인식하면서 등장했다. 우리에게 타고난 성격이나 타고난 기질이 없다는 뜻이 아니다. 어린 자식을 살펴본 부모라면 타고난 성격이나 기질이 있다는 건 당연히 안다. 하지만 타고난 본성은 외부의 영향을 받으면서 바뀌기도 하며 때로는 완전히 뒤틀리기도 한다. 그래야 자신의 필요에 따라 적응하는 존재가 될 수 있기 때문이다. 융과 프로이트가 지적했듯이 문명화에는 신경증이라는 대가가 따른다. 사회화 단계는 분명 필요하지만 적응을 거칠수록 우리는 태초의 낙원에서 점점 멀어진다.

나는 다른 저서에서 우리에게 '거짓 자기false self'(D. W. 위니콧이 창안한 또 다른 용어)가 어떻게 생기는지 상세히 서술한 바 있다.[13] 내가 이해하기로 거짓 자기란 자기와 타자에게 취하는 행동과 태도의 집합체이며, 그 목적은 아이가 경험하는 존재론적 불안을 관리하는 것이다. 우리는 가족, 그리고 그 밖에 여러 문화적 세력의 역학에 따라야 하는 존재이기 때문에 이러한 잠정인격provisional personality이 생겨나는 건 피할 수 없는 일이다. 적응을 거듭할수록 낙원은 멀어지며, 비극적이게도 우리 자신과의 관계 역시 소원해진다. 20세기 미국의 시인 앤 섹스턴Anne Sexton은 아이의 기억을 이렇게 시로 표현한다.

> 세상은 네 것이
> 아니었어.
> 어른들
> 것이었지…… 어둡고,
> 어른들이 있는 곳,
> 난 언제 갈 수 있을까.[14]

자신을 점차 소외시키는 일은 비극이라고 해도 과장이 아니다. 고전 그리스 비극의 핵심이 바로 이것이었으며, 주인공이 이전에 제대로 알지 못한 채, 심지어 자신이 알지 못한다는 사실조차 알지 못한 채 내린 선택이 초래하는 결과에 초점을 맞췄다. 이 잘못된 판단hamartia, 다시 말해 자기와 세상을 보는 시각에 생긴 상처는 불가피하게 잘못된 선택으로 이어지며, 그로 인한 결과 역시 필연일 수밖에 없다. 수십 세기가 지난 현재에도 우리는 똑같은 일을 겪는다.

자신과의 관계에 깊은 상처가 있다면 타자와 의식

적이고 효과적인 관계를 맺는 일이 거의 불가능하다는 명백한 사실을 생각해보자. 그리고 이와 더불어 어떤 관계를 맺는 것 자체가 얼마나 어려운 일인지도 생각해보자. 나 자신에 관해 내가 모르는 모든 것을, 내가 가족과 문화로부터 받은 상처를 치유하기 위한 비밀 계획을 이제 나는 내 연인과 반려자에게 부여하려 한다. 그럼 내가 살면서 얻은 모든 콤플렉스를 상대도 전부 겪을 것이다. 그 사람을 사랑한다고 말하면서 나는 어떻게 그 사람에게 이런 일을 할 수 있을까? 나를 사랑한다고 말하면서 그 사람은 어떻게 내게 이런 일을 할 수 있을까?

서로의 정신세계를 들여다보면 때로는 너무 흐려서 아무것도 보이지 않을지도 모른다. 아니면 흩어진 에너지 덩어리(콤플렉스)들이 마치 행성처럼 자신만의 대기 안에 존재하며 영원히 서로에게 그늘을 드리우는 모습을 볼 가능성이 더 클지도 모른다. 거대한 환상이자 마약이자 우리가 존재하는 이유('사랑밖에 난 몰라'), 그리고 우리 삶과 대중문화의 동력이 되는 구원의 희망인 '사랑'에 관해 우리는 어떻게 이야기할 수 있을까? 우리는 사랑을 말하지만 사랑이 무엇인지는 모른다. 우리는 여러 가지 대상을 여러 가지 방식으로 사랑한다고 말한다. 그리스인들은 이렇게 다양한 욕구를 각기 다르게 표현하려 했으며, 우리는 거기에서 에로스eros(육체적인 사랑), 카리타스

caritas(자애로운 사랑), 필로스philos(학문·예술에 대한 사랑), 스토르게storgé(부모 자식 간의 사랑), 아가페agape(거룩하고 절대적인 신의 사랑) 등 여러 단어를 빌려왔다. 그러나 우리가 가진 가장 순수한 동기 안에도 그림자처럼 야수가 숨어 있다.

> ……영혼의 동기가 만든 어리석은 광대……
> 손을 뻗어 끌어안는다
> 곁에서 나란히 걸어가지 않을 사랑하는 그 사람을.[15]

역설적으로 들리지만 아가페는 '무심한 사랑'을 가리킨다. 그 안에 어떤 이기심도 숨어 있지 않은 채 전적으로 타자의 안녕만을 기원하는 사랑 말이다. 아가페가 가능할 정도로 자신을 잘 아는 사람이 과연 우리 중에 있을까?

용기를 내어 자신의 내면을 들여다보고 그 내용을 자기 것으로 만들려 하는 경우를 생각해보자. 융은 자서전 《기억 꿈 사상Memories, Dreams, Reflections》에서 자신의 내면을 심도 있게 분석하며 그 내용을 그때그때 짤막하게 서술한다. "아, 이 부분도 내가 나 자신에 관해 잘 몰랐던 사실이다." 이렇게 계속 자신에게 겸손해지려면 어떤 용기가 필요할까. 융이 언젠가 '자기'와의 가장 심오한 만남은 보통 자아의 패배라는 형태로 경험되며, 이는 파우스트처럼 지식을 권력의 한 형태라고 생각하는 환상*을 거부하는 것이라고 말한 이유가 여기에 있다.

자신이 알아낸 것으로 말미암아 자신이 파멸할지 모른다는 공포 속에서도 진실을 알고자 한 오이디푸스의 용기는 어떠한가. 어머니이면서 아내였던 이오카스테는 오이디푸스에게 진실을 그만 파헤칠 것을 종용한다. 선을 넘으면 위험이 기다리고 있다. 이곳에 들어온 자들이여, 희망을 버릴지니! 그래도 오이디푸스는 알아야 한다. 그 결과 지금껏 자신이 쌓아온 자아의 세계가 부서진다고 해도 말이다. 그 아픔 덕에 그는 콜로노스에서 신들의 축복을 받으며 생을 마감할 수 있었다.

심리치료실에 들어서면서까지 자신의 생존전략에 따라 움직이는 내담자는 없다. 우리가 심리치료를 시작하는 이유는 그 전략이 이미 실패했기 때문이다. 동기가 충분한 상황에서조차 자신에게 패배를 안기는 선택을 하고, 되풀이해 나타나는 버림받음이나 억눌림 같은 원초적 상처에 시달리고, 억압된 상태에서 자기Self의 불만이 터져

---

* 괴테의 희곡 〈파우스트〉에서 주인공 파우스트는 지식욕에 눈이 멀어 악마 메피스토펠레스에게 영혼을 판다 - 옮긴이.

나오기 전에 그냥 물러서는가 하면, 공포증이나 중독 증상 등을 겪기도 한다. 치료를 시작하는 것은 이를테면 자신을 직면하려 억지로 끌려나온 것과 같으며, 이런 상황에서 우리는 자기의 목소리가 들리는 곳에 억지로라도 자리를 잡아야 한다.

이러한 만남을 융은 '직면Auseinandersetzung', 그리스인들은 '회개metanoia'라고 불렀는데, 이를 통해 지금까지와 다른 방향을 설정하고 새로운 자기감을 형성할 수 있다. 그 누구도 이런 상전벽해와 같은 변화를 스스로 나서서 겪지 않았다. 발버둥치고 울부짖고 반항하며 끌려나갔으며, 앞으로도 이런 일은 언제든 있을 것이다.

융 심리학자들은 정신을 자아가 원하는 대로 다 할 수 있는 군주체제나 중앙정보기관 같은 것으로 보는 것이 아니라 여러 측면과 여러 형태, 여러 의미를 지닌 다신론적 존재라고 여긴다. 그러므로 정신에는 여러 가지 목소리, 여러 가지 암시, 여러 가지 명령이 존재한다. 이 중 우리에게 들리는 것도 있고 아닌 것도 있지만 이들 모두 나름의 설득력이 있다. 그렇다면 자아가 '내 목소리는 그중 무엇인가?'라고 질문한다. 자기Self는 '그 모두가 내 목소리다'라고 주장한다. 하지만 자아는 '내가 찾고 있는 것은 세상이 생겨나기 전 내가 갖고 있던 선Zen, 禪의 얼굴이다'라고 간청한다. 하지만 결국 자기는 새롭게 환생한다. 크리슈나Krishna와 그의 여러 화신이 그랬듯이.*

우리가 애정관계를 시작할 때의 모습은 이와 같다. 어릴 적 자신에 관한 앎이 빈약한 상태에서 부모를 통해 정체성을 찾으려 한 것과 마찬가지로 타자라는 거울을 통해 자신의 정체성을 찾아 헤맨다. 이렇게 두려운 상황에서 받은 상처를 모두 끌어안은 우리는 타자에게서 안전한 피난처를 찾으려 한다. 하지만 문제는 타자 역시 우리에게서 똑같이 자신의 피난처를 찾고 있다는 것이다. 우연에 우연이 겹쳐 만들어진 운명의 시간, 운명의 장소, 운명의 타자로부터 수많은 적응 전략이 파생되면서 우리의 연약한 현재는 그만 과거라는 병균으로 오염되고 만다. 우리를 지켜주고 키워주며 살려줄 타자와 하나가 되고 싶다는 거대한 소망이 우리에게 다가온다. 이는 서문에서 이야기했던, 유리창에 부딪쳐대던 홍관조가 가지고 있었을지도 모를 소망이기도 하다.

* 크리슈나는 힌두교에서 애정과 사랑의 신이다. 원래는 힌두교의 3대 주요 신 중 하나인 비슈누Vishnu의 여덟 번째 화신으로 인간 세상이 위험에 빠질 때 지상에 등장하지만, 종파에 따라서는 크리슈나가 비슈누를 화신으로 갖는 최고신이 되기도 한다 – 옮긴이.

2장

에덴 프로젝트

다시 하나가
될 수 있을까

그들은 내게 진실을 말해달라 했다,
그래서 나는 말했다, 나는 그들 사이에서
여러 해를 스파이로 살았노라고,
하지만 난 사랑을 원했을 뿐이라고…….
나는 말했다, 내 감정은 파산 상태이며,
그 무엇이든 한 번의 키스와 기꺼이 바꾸겠다고.
나는 그들에게 말했다, 키스란 어떤 느낌인지
내가 특히나 그걸 받을 자격이 없을 때.

_ 스티븐 던, 〈그들이 원한 것〉

때로 나는 완전히 잊어버리네
함께한다는 의미를.
의식 없이 미쳐버린 나는 슬픈
에너지를 사방에 흩뿌리네.

_ 루미, 〈때로 나는 완전히 잊어버리네〉

에로스, 투사, 마법 같은 타자

그리스인들이 전하는 에로스는 신 중에서도 가장 나이가 많으며 생명력의 원시적 표현 속에는 언제나 등장하는 존재이지만, 동시에 매 순간 변모하는 가장 젊은 존재이기도 하다. 에로스라는 이름은 욕망desire을 뜻하며, 욕망이라는 단어는 '별의, 별로부터'라는 뜻의 라틴어 de sidus에서 왔다. 그러므로 에로스에는 유한한 존재든 불멸의 존재든 타자를 향한 갈망이 들어 있다. 목표지향적이며, 마치 길잡이 별처럼 타인을 향한다.

헤시오도스Hesiodos에 따르면, 에로스는 카오스Chaos*로부터 나왔다. 모든 것이 뒤섞여 있던 원시의 상태에서 형태를 이루고 서로 이어지며 생명체를 형성하려는 에너지가 솟아난 것이다. 하지만 신화에 따라서는 에로스가 아프로디테와 아레스 사이에서 태어났다고 전해지기도 한다. 미의 여신 아프로디테와 전쟁의 신 아레스라면 둘 다 욕망에 대해서는 일가견이 있다고 할 수 있겠다. 라틴어에서 에로스가 아모르Amor와 큐피드Cupid로 문화적 변형을 거쳤다는 사실은 익히 알려져 있다. 아모르는 궁정식

---

* 그리스 신화에서 태초부터 존재한 혼돈의 공간 또는 신 - 옮긴이.

연애courtly love*의 전통 및 중세 음유시인과 같은 예에서 나타나며, 큐피드는 활을 들고 다니며 욕망의 화살을 쏘아 상처를 입히는 아기 천사의 모습을 하고 있다. 지금 우리가 사는 타락한 시대의 큐피드는 에너지로 가득 찬 존재, 마음에 상처를 주는 열정을 상징하는 존재가 아니라 기저귀를 차고 다니며 장난감 같은 활과 화살을 든, 카드나 낙서 따위에나 어울릴 법한 통통한 꼬마 아이의 모습으로 전락해버렸다. 아무리 좋은 것이라 해도 그 반대되는 존재에 의해 한쪽으로 치우쳐 균형을 잃으면 악마처럼 변하는 법이다. 큐피드는 탐욕과 과다한 욕망의 상징이 되었다고 할 수 있다. 고전적인 신들이 대부분 이런 운명을 겪었으며, 융이 신경증의 성격은 '상처 입은 신'이라고 말한 이유도 여기에 있다.

이 시대에 접어들어 에로스는 단순히 에로틱한 쪽으로 그 의미가 더욱 축소되는 경우가 많다. 근본적으로 정의한다면 에로스는 '이어지려는 욕망'을 가리킨다. 물론 이 모티브는 섹슈얼리티sexuality도 포괄하겠지만, 에로스의 의미는 다양하게 분화하며 여러 곳에서 찾아볼 수 있다. 에로스는 신이기 때문에 이어짐을 추구하는 상황이라

---

* 중세 유럽 궁정문학의 근간을 이루는 연애관. 기사도적 사랑이라고도 하며 '로맨스'라는 단어의 유래이기도 하다 – 옮긴이.

면 언제든 (적어도 암시적인 형태로) 존재한다. 신 자체를 잊거나 무시하거나 그 가르침을 어기거나 깎아내리거나 (역설적으로) 흠모할 수 있을지는 몰라도 말이다. 음악은 에로틱하다. 마찬가지로 기도도 폭력도 언어도 에로틱하다……. 여기에 바꿔서 들어갈 수 있는 대상은 무한대로 있다. 신이 무한의 존재이기 때문이다.

이처럼 다양한 인간활동을 '에로틱'하다고 정의하는 게 이상할지도 모르겠다. 신성deity, 神性에 호소하는 일 자체가 현대의 감각으로는 이상해 보일 테니 말이다. 그러나 고대인들은 이 문제를 정확하게 인식하고 있었다. 심원함이 있는 곳에 신성함도 있다. 신이 있는 곳이란 의미를 경험할 수 있는 곳을 말한다. 신들이 우리에게 던지는 가장 큰 요구사항은 신을 섬기라는 것이다. 다시 말하자면 신이 가진 에너지를 의식하고 알리라는 것이다. 여기서 신의 힘이 어떤 형태로 나타나든 그것은 그저 물질적인 껍데기에 지나지 않는다. 어떤 에로틱한 행위에서든 거기서 신이 표현하는 심원한 힘을 제대로 섬기지 않는다는 것은 우리가 중대한 무언가를 어겼다는 뜻이다.[1]

에로스는 역동적이며 계속 형태를 바꾼다. 힘으로서의 에로스는 항상 어딘가를 향해 이동하며 이어지고 채우며 초월하려 한다. "자연은 진공vacuum을 싫어한다"*라는 말과 마찬가지로 공허함은 우리의 정신을 위협한다. 우리는 그 빈 곳을 우리 자신으로 채우는 경우가 많다. 열린 공간이 보일 때마다 투사한 이미지가 그곳으로 향한다.

심리 현상으로서 투사는 어디에나 존재하며 필연적으로 발생한다. 프로이트의 말을 빌리면, 정신의 에너지는 다형 도착polymorphosly perverse이다.** 끝없이 이리 비틀리고 저리 꼬이며 공백을 채우기 위해 형태를 바꾼다는 뜻이다. 분리, 치환, 승화 등의 다양한 전략을 구사하기도 한다. 에로스는 정반대의 여러 극단으로 나뉘는 습성이 있는데, 이런 이유로 어떤 관계든 사랑과 증오가 함께 존재한다. 사랑하는 사람이라는 연약한 존재로부터 우주적 타자Cosmic Other를 찾기 위해 치환이라는 전략을 쓰며, 위대한 아버지Great Father나 영원한 어머니Eternal Mother를 찾으려는 자신의 우주적 욕구를 먼 허공으로 전하기 위해 승화라는 전략을 구사하기도 한다. 조그만 필름 한 조각으로 멀리 떨어진 화면에 고대의 괴물을 비춰 보여줄 수 있듯이, 에로스의 힘은 일단 터져나오면 각 개인이 지닌 고유한 이력의 필터링 과정을 거쳐 저 먼 하늘까지를 자

---

* 아리스토텔레스가 자신의 자연철학 강의를 집대성한 저서《피지카 Physica》에서 한 말. 그는 전 우주는 연속적인 물질로 차 있기에 자연에 진공은 존재하지 않는다고 주장했다 - 옮긴이.
** 원래는 프로이트가 성인과는 다르며 복합적 측면을 가진 유아의 성욕을 설명하기 위해 사용한 말이다 - 옮긴이.

신의 정신적 초상으로 채울 수 있다.

물론 모든 투사는 무의식 수준에서 발생한다. 왜냐하면 "내가 투사를 저질렀어"라며 자기를 관찰하는 순간부터 우리는 이미 발생한 투사를 되돌리는 과정을 밟고 있으니까. 더 흔한 예로 우리는 타자가 우리가 투사한 이미지를 제대로 인식하고 유지하며 반영하지 못할 때에야 의식을 다시 붙잡기 시작한다. 정신에서 핵심이 되는 법칙이라는 것이 있다면 아마 '무의식적인 것은 모두 투사된다'가 아닐까 한다. 융이 "내면의 상황이 의식 수준으로 올라오지 않으면 운명이라는 형태로 외부에서 발생한다"[2]라고 말한 이유도 여기에 있다. 하지만 영혼은 여러 에너지, 콤플렉스 및 원형적 형태(융은 여기에 아니마anima, 아니무스animus, 그림자shadow 등의 이름을 붙여 신화와 같은 수준의 지위를 부여했다)에서 떨어져나온 수많은 조각으로 이루어져 있으며, 이들은 거의 전부 무의식이기 때문에 투사가 이루어질 기회는 충분하다. 무의식은 우리가 정의definition로도 실제로도 파악할 수 없으므로, 어떤 에너지가 스스로 작동하여 우리가 알고 있는 이 세계를 마야의 베일veil of Maya*이나 환상으로 가려놓는지 우

---

* 쇼펜하우어가 저서 《의지의 표상으로서의 세계》에서 사용한 용어로, 실체가 아닌데도 사람들이 실체라 믿는 허상을 가리킨다 - 옮긴이.

리는 절대 알 수 없다.

독일의 철학자 칸트는 200여 년 전에 우리는 물자체 Ding-an-Sich, 物自體를 결코 인지할 수 없다고 경고한 바 있다. 외부 현실의 본질적 성격을 아는 일은 불가능하며, 우리는 자신의 정신 경험이 현상에 따라 작용한 주관적인 내용만을 알 수 있다는 의미다. 동어반복적 표현을 쓰자면, 우리가 경험할 수 있는 건 오로지 경험뿐이다! 칸트는 인간 경험의 극단적 상대성을 주장함으로써 절대적 진실을 추구하는 형이상학metaphysics에 종지부를 찍었지만, 이로 인해 내면의 과정을 추적하는 학문인 심리학이 필요하게 되었다.

몇 년 전에 한 서부 해안도시에서 열린 워크숍에서 나는 간단하게 딱 잘라 이렇게 말문을 열었다. "모든 연애관계는, 정말로 모든 연애관계는, 투사 속에서 시작됩니다." 말을 채 마치기도 전에 참석자 두 명이 동시에 똑같이 감정적으로 반대 의사를 표명했다. "하지만 그냥 알 때도 있어요. 이 사람이 내가 찾던 바로 그 사람이라는 걸 말이죠." 이렇게 급작스러운 에너지가 발생하는 이유는, 마치 배가 초고속으로 바다 위를 항해하는 것이 보물 광산을 향하고 있기 때문인 것처럼, 보이지 않는 콤플렉스의 존재로만 설명할 수 있을 것이다. 이 두 참석자의 주장에 따르면, 특히 사랑하는 사람의 경우 타자를 한순간에 알아보는 일은 충분히 가능하다는 것이다. 물론 우리에게는 직관이라는 기능이 있으며, 다른 사람에 비해 직관에 더 많이 의지하는 사람도 있다. 그리고 그러는 게 효과가 있을 때가 있다. 우리는 무언가가 사실이라는 것을, 수상하다는 것을, 무슨 일이 일어날 것을 '감으로' 알 수 있다. 하지만 틀릴 때도 많다.

나는 워크숍에서 발언한 참석자들에게 그들은 처음 보자마자 바로 '이 사람이다'라고 느꼈던 반려자와 아직도 함께하고 있는지 묻고 싶었지만 참았다. 처음 자신에게 찾아온 거대한 깨달음이 한 해 한 해 지나면서 결국 사실로 밝혀졌는지, 그렇게 시작한 반려자와의 관계에 정말로 지속력이 있었는지 궁금했다. 서로의 에로스적인 이어짐이 지금도 처음 만난 순간만큼이나 강렬할까? 아쉽게도 아닐 것 같다. 그런 일은 거의 없기 때문이다. 그런데 그렇게 강력하게 지속되는 힘을 가진 생각이 한 가지 있다. 그 속은 감정으로 가득 차 있으며, 사실 이 생각의 정체는 콤플렉스다. 이런 생각을 깎아내리려는 의도에서 콤플렉스라고 부르는 것이 결코 아니다. 콤플렉스란 간단히 말해 우리 정신의 지하실 속에서 혼자 부산스럽게 돌아다니는 에너지로 가득한 생각이다.

콤플렉스가 가진 힘은 아무리 강조해도 지나치지 않다. 개인의 이력과 집단의 문화 모두를 이끄는 동력이 콤플렉스다. 특히 우리 삶에 생기를 불어넣어주는 거대한 생각 또는 콤플렉스가 두 가지 있다. 실상은 둘 다 거짓이며, 우리는 그 사실을 의식하고 있음에도 끊임없이 이를 부정하고 숨기며 정당화한다.

첫째는 '불멸의 환상'이다. 우리는 자신이 언젠가는 죽는 존재임을 안다. 통계적 지식도 충분하며 신문도 읽는다. 하지만 모든 사람은 내면 한 곳에서 '나는 아냐'라고 생각한다. 인간의 생명이 유한해도 우리는 예외이며 영원히 산다고 생각하는 것이다. 당연히 현실이 그와는 반대임을 우리는 알지만, 그 환상은 놀랍도록 오래간다.

인류를 이끄는 다른 하나의 거짓 생각은 바로 '마법 같은 타자Magical Other', 마법 같은 동반자라는 환상이다. 내게 딱 맞는 사람이, 함께 삶을 꾸려가며 지금껏 내가 수없이 겪었던 부서지고 깨진 삶의 상처를 고쳐줄 소울메이트가, 항상 내 곁에 있어줄 사람이, 내 생각을 읽고 내가 무엇을 원하는지 알며 내 마음 깊은 곳에 숨어 있는 욕구를 채워줄 사람이, 더는 상처 입지 않도록 나를 지켜줄 부모 같은 존재가, 그리고 (좀 더 운이 좋다면) 나의 개성화individuation(융 심리학에서 말하는 '자기실현')로 향하는 위험천만한 여정을 단번에 끝내줄 사람이 어딘가에 분명 있을 거라는 생각을 말한다. 이런 생각, 그리고 여기서 파생된 갖가지 결과는 대중문화의 거의 모든 영역을 움직이는 동력이다. 마법 같은 동반자를 찾아 헤매다 결국 발견하지만, 그 사람 역시 결국 인간이라는 사실을 깨닫고 실망한다. 그리고 새로운 사랑을 찾아 헤맨다……. 라디오에서 흘러나오는 노래를 열 곡 정도 들어보라. 그중 아홉 곡 정도는 마법 같은 내 이상형을 갈구하는 내용일 것이다.*

마법 같은 동반자를 갈망하며 찾는 이면에는 부모의 이마고가 갖는 원형적 힘이 있다. 이들 원초적 타자 Primal Others(주로 어머니나 아버지)와의 관계는 우리가 우리 자신에 관해 겪는 최초의 경험이다. 유아가 갖는 감수성의 특징인 원초적인 형태의 '신비적 관여participation mystique'**가 분열되며 의식이 파생되어 나온다. 이런 생애 초기 경험에서 자기와 타자, 그리고 둘 사이의 상호작용에 관한 패러다임이 생겨나 신경계와 감정의 네트워크에 내장된다.

오랫동안 함께 산 커플이 서로 닮아간다는 사실은 널리 알려졌다. (개를 오랫동안 길러도 마찬가지 결과를

---

* 완벽한 차, 완벽한 직장, 완벽한 집 등을 갈망하는 모습에서도 이런 양상이 보인다고 하면 지나친 확대 해석일까? 그럴 확률이 아마도 높긴 하겠지만, 마냥 확대 해석만은 아닐지도 모른다 – 저자.

** 주체와 객체가 원시적이며 무의식적으로 불가사의하게 이어진 상태 – 옮긴이.

보이지만, 이 책 내용과는 별개의 이야기다.) 50대에 들어선 사람이라면 반려자가 자신의 부모와 닮아 보일 수도 있다. 나이 든 부부가 서로를 '아범' '어멈'으로 부르는 걸 생각해보라. 이런 현상은 반려자에게 원래 느꼈던 매혹이 사실 대부분 부모의 이마고에 이끌린 결과였음을 암시한다. 이 무의식적 이미지는 실제로 그것을 차지할 누군가가 등장할 때까지 자신의 반려자가 될 가능성이 있다 싶은 사람들에게 투사된다.

이런 이마고가 얼마나 심오하고 강력한지 우리는 정확히 알 수 없다. 의식을 사용하여 이를 생각하기 전에 이미 무의식으로 우리 내면에 프로그래밍되었기 때문이다. 부모와의 의식적인 관계 영역에서 나온 특성이라면 스스로 인식할 수 있을 때도 있다. 예를 들어 우리가 찾는 반려자는 변하지 않으며 믿을 수 있는 사람, 부모가 한때 주었던 안전감을 자신에게 안겨줄 수 있는 사람이어야 한다. 부모-자식 관계의 병리적 측면의 지배를 받는 사람은 더 흔히 볼 수 있다. 부모에게 학대받고 성장한 사람이 자신을 학대하는 사람과 연애관계를 맺으며 어렸을 때 형성된 원초적 패러다임을 대책 없이 되풀이하는 일이 얼마나 많은가? 알코올의존증 부모 아래서 성장한 사람이 중독적인 성격을 가진 사람과 사귀는 일은 또 얼마나 많은가? 이런 패턴은 무의식에 숨은 채 몇십 년 동안 나타나지 않을 수도 있다. 그리하여 의식적으로 이전 애인과 완전히 다른 사람을 찾으려고도 하지만, 결국은 이전의 연애와 같은 뻔한 관계만 반복할 따름이다.

물론 반복되는 건 겉으로 보이는 모습이 아니라 연애관계에 숨은 정신역동psychodynamic*이다. 제정신 박힌 사람이면 찾아 헤매던 누군가를 발견했을 때 그 사람에게 "내가 어렸을 때 겪은 상처를 내게 되풀이해서 안겨줬으면 좋겠어. 당신을 사랑하는 이유는 나한테 너무나 익숙하기 때문이야" 같은 말을 내뱉진 않을 것이다. 하지만 사실 우리는 늘 이런 짓을 저지른다. 우리가 얼마나 별 의식 없이 친밀한 관계를 맺으며, 여태까지 알아왔던 그대로를 유지하려는 욕구가 우리 내면에 얼마나 강력하게 프로그래밍되어 있는지를 깨닫는다면 참으로 섬뜩할 것이다. 우리는 알고 있는 것, 익숙한 것을 추구한다. 그것이 우리에게 아무리 상처가 된다 해도 말이다.

그래서 '마법 같은 동반자'라는 개념 안에는 우리의 정신적 이력에서 떨어져나온 폐기물로 가득하다. 우리의 정신적 이력은 자신을 송두리째 집어삼킬 수 있는 적과

---

* 무의식적 동기나 의도가 관여하는 내용과 행위. 정신분석학에서 말하는 '정신역동이론'은 인간 정신 활동의 기저에 있는 원초아id, 자아, 초자아 사이의 갈등과 투쟁, 타협을 통해 인간의 행동이 결정된다는 이론이다 – 옮긴이.

도 같다. 의식을 빼앗고, 관점을 왜곡하며, 선택을 오염시킬 뿐만 아니라 자신과 똑같은 무언가를 복제하여 만드는 능력이 있기 때문이다. 내담자의 행동 유형, 총체적 증상, 그리고 꿈을 분석하여 자신의 역사를 최대한 많이 의식으로 불러와 내담자가 직면하도록 하는 일은 심리치료 과정에서 풀어야 하는 과제 중 하나다. 이 과정은 때로 충격적이거나 우울할 수 있으며, 언제나 자신을 겸허하게 만든다. 성숙한 성인이 사춘기에 어떤 선택을 했는지 되돌아보면서 자신이 당시에는 정말 거의 아무것도 이해하고 있지 못했음을 뼈저리게 깨닫는 것과 마찬가지로, 특정한 종류의 연애를 하도록 우리를 이끄는 무의식의 역동이 언젠가는 의식의 표면으로 떠오를지 모른다. 이때 우리 눈에 아름다운 그림이 보일 확률은 거의 없다.

사랑이라는 정신 나간 짓

이 책을 읽으며 독자는 어떤 부분은 동의하고 어떤 부분에서는 의견이 다를 것이다. 일반적인 이성의 흐름에 맞춰보자면, 이때쯤 독자의 마음속에서는 아마 이런 의문이 생길 것이다. '그렇다면 사랑은 뭐지?'

아, 놀라운 그 이름, 사랑. 우리에게 없으면 살아갈

수 없는 비밀의 묘약 같은 그 이름, 사랑. 그리고 우리는 또다시 질문한다. 대체 사랑이란 무엇인가? "사랑은 청년일 때는 성적 흥분, 중년일 때는 뻔한 익숙함, 노년일 때는 상호의존에 갖다 붙이는 말이다"라는 미국 시인 존 시아디John Ciardi의 냉소적인 표현으로 사랑을 제대로 정의할 수 있을까? 아니면 세상을 움직이며 (그리스인들이 에로스의 형태로 표상한 것처럼) 온 세상을 새롭게 만들거나 없으면 우리를 비참하게 만드는 마법의 힘이 사랑일까? 과연 사랑을 일반적으로 정의한다는 게 가능하기나 할까? 그 기묘한 힘은 마치 마법 같은 데가 있지 않은가? 사랑은 자신이 사랑하는 사람의 이마고에 불을 붙이는 에너지로서 끊임없이 숨었다가 다시 나타나곤 하지 않는가? 어쩌면 우리는 살짝 물러서서 사랑이라는 주제에 느긋하게 접근할 필요가 있지 않을까 싶다.

분명 사랑의 기본 원리는, 일방적이든 상호 간이든, 에너지의 흐름이다. 그래서 우리는 반려동물을 사랑한다고, 우리나라를 사랑한다고, 모네의 그림을 사랑한다고, 그릴에 구운 브리치즈나 애플파이, 또는 골프를 좋아한다고 말할 수 있다. 또한 우리는 친구를 사귀는 데 에너지를 투자하는데, 젊을수록 그런 우정이 덧없어 보인다. 갈등이나 실망 같은 시험에 들었을 때 우정이란 연약하고 잘 견디지 못하기 때문이다.

몇 년 전*《사이콜로지 투데이Psychology Today》에 노스다코타주립대학교 폴 라이트Paul Wright 교수의 연구를 요약한 기사가 실렸다. 사랑과 우정을 주제로 한 그의 연구 결과는 다음과 같다.

연애관계는 네 가지 면에서 우정과 다르다. 연애는 우정보다 더 배타적이고 불변하며 감정 표현이 강렬할 뿐 아니라, 사회의 규칙과 기대에 더 크게 좌우되는 것으로 보인다.[3]

이 기사에 등장한 다른 학자들에 따르면 다음 여덟 가지가 사랑과 우정 양쪽에 공통으로 나타나는 특징이라고 한다. 서로를 즐긴다, 서로를 도와준다, 존중한다, 자연스럽게 생긴다, 받아들인다, 신뢰한다, 이해한다, 확신한다.

친구도 사랑할 수 있지만 연애 감정으로서의 사랑이 더 큰 에너지를 갖는 것 같다. 연애 감정에는 타자에 대한 매혹, 나만 갖고 싶다는 욕구, 그리고 (당연히) 성적인 욕망이 들어갈 때가 많다. 이들 각각을 보면 우정보다 연애에 정신적 투자가 훨씬 더 많이 이루어진다는 사실을 짐

* 정확히 1985년 – 옮긴이.

작할 수 있다. 매혹fascination이라는 말은 라틴어로 '마법 같은 힘을 건다'를 뜻하는 fascinare에서 왔다. 여기서 말하는 마법 같은 힘이란 무언가에 홀린 채 의식을 뺏긴다는 뜻이다.

따라서 타자에 매혹된다는 것은 감정적인 생각에 자신을 잃고 빠져든다는 것이다. 투사가 발생할 때 이렇게 된다. 가장 광적으로 사랑에 빠져 있을 때(광적이라는 말은 전혀 지나친 표현이 아니다) 우리는 타자에 사로잡히는 일 말고는 아무것도 하지 못한다. 마음이 갈망하는 대상에 자신을 투사하여 동일시하며, 유아기의 경험과 마찬가지로 자기와 타자 사이의 경계가 허물어진다. 이는 타자에 대한 매혹을 무의식이 뒷받침하는 행위다. 잃어버린 아이 때의 낙원을 되찾으려는 노력인 동시에 원초적 양육자와 신비적 관여의 형태로 이어지려는 시도다.

마찬가지로 둘만의 배타적인 연애관계를 향한 욕구의 근원은 안정적인 타자를 향한 유아의 전적인 의존성임이 분명하다. 그러나 현재 대중문화에서 질투란 일반적으로 그 사람이 얼마나 불안한지를 보여주는 척도가 아니라 그 사람이 얼마나 사랑받는지를 가늠하는 잣대라고 생각한다. "내 애인은 나를 사랑해. 그 사람은 내가 다른 사람과 이야기만 해도 못 참거든." 배우자에게 맞고 살던 한 내담자가 한번은 내게 자신이 받는 학대는 배우자가 자신을 얼마나 깊이 아끼는지를 보여주는 증거라는 말을 한 적도 있다.

예전에 잠깐 상담했던 내담자는 결혼을 여러 번 했는데, 매번 아내를 학대하고 통제했으며 심리적으로 대단히 불안한 사람이었다. 당연히 이 사람은 심리치료를 견디지 못했다. 자기성찰introspection*을 위해서는 어느 정도 강인한 성격과 더불어 감정의 회복 능력이 있어야 하는데, 이 내담자에게는 그게 없었기 때문이다. 상대를 완전히 혼자 소유하려는 욕구(바람을 피우지 않는 충실함과는 다른 뜻이다)는 결국 쓴 열매를 맺을 수밖에 없다. 타자의 자유에 대한 존중이 있을 자리를 힘과 그에 따르는 통제로 대체하려 하기 때문이다.

연애에서 성적 욕구에 관해서는 뒤에 따로 이야기하겠지만, 앞서 소개한 연애와 우정의 차이 목록에 두 가지 특징을 더 보탤 수 있을 것 같다. 우리는 연애를 할 때 상대가 내놓는 이유를 기꺼이 옹호하려 하는데, 이는 타자의 안녕에 깊이 신경 쓰기 때문이다. 또 우리는 친구보다는 사랑하는 사람을 위해 기꺼이 자신을 희생하려 할 가능성이 크다. 위대한 러브 스토리 대부분은 당연히 그러

---

* 자신의 심리 상태나 정신역동을 내면에서 관찰하는 일로, 내성이라고도 한다 - 옮긴이.

한 희생에 기초를 둔다. 그리고 우리가 그런 이야기에 감명받는 이유는 깊은 생존 본능마저 승화할 수 있는 인간의 능력을 보여주기 때문이다.

나아가 우리는 오랜 역사를 지닌 결혼이라는 형식을 사랑이라 부르는 에너지와 구별해야 한다는 의무감까지 느낀다. 여기서 '결혼'이란 법적으로 정의하는 대상이 아니라 그 헌신의 깊이와 성격 때문에 일단 맺으면 쉽게 끝내기 힘든 관계를 가리킨다. 미국 여러 주 정부뿐 아니라 이른바 도덕적 다수파Moral Majority*가 헌신과 가족의 가치, 영속성의 미덕을 옹호하면서도 동성결혼을 금지한다는 것은 도덕적 불분명함이 아닐 수 없다.

이들의 편협성은 차별만을 초래하는 것이 아니다. 서로에게 헌신하는 애정관계가 갖는 기본 전제까지 무너뜨린다. 동성애자인 한 내담자는 최근에 이런 말을 했다. "제가 내는 세금으로 불륜투성이 이성애자들을 지원한다는 게 지긋지긋해요." 또 다른 동성애자 내담자는 농담조로 이렇게 말했다. "전 동성 결혼을 믿어요. 동성 이혼을 믿으니까요." 자신도 합법적으로 결혼할 권리, 그러니까 기혼자에게 적용되는 보험과 세금 혜택뿐만 아니라 이혼할 때도 자신이 권리를 행사할 수 있으면 좋겠다는 바

---

* 미국의 보수적 기독교 종교단체. 낙태와 동성애 등을 반대한다 - 옮긴이.

람에서 한 말이었다. (결국 아무리 합리화하려 한들 저들 '도덕적 다수파'는 도덕적이지도 않을뿐더러 다수도 아니다.)

역사적으로 사랑과 결혼은 동의어가 아니었으며, 옛날 노랫말처럼 "말이 마차를 끌고 가듯" 함께한 적이 거의 없다. 결혼과 사랑은 한 몸이라는 생각이 대중의 여론으로 자리잡은 건 사실 130년도 채 안 된다. 행복한 결혼생활을 누리는 부부가 실은 서로를 사랑하지 않았다고 말하려는 것이 아니다. 다만 대부분의 인류 역사에서 결혼의 목적은 개인의 행복이나 서로의 개성화를 돕는 것이 아니라 사회와 문화의 안정이었다. 오늘날 기준으로 보면 인류가 지금까지 한 결혼 중 대다수는 사랑 없는 결혼일 것이다. 결혼이란 아이를 낳아 보호하고 키우기 위한, 그래서 부족을 보존하고 사회적·종교적 가치를 전수하며 무질서한 성적 충동libido을 사회에 유용한 방향으로 편입하기 위해 이행하는 계약의 개념이었기 때문이다.

마찬가지로 대부분의 결혼에서 사랑이란 (어떤 형태든) 결정적 가치가 아니었다. 이들을 더 흔하게 결합한 요소(다시 말해 시너지 효과를 추구하는 에너지)는 이들에게 실제로 작동하는 콤플렉스다. 부부 중 한쪽 또는 양쪽 모두 상대에게서 좋은 부모의 모습을 찾으려 할 수도 있으며, 상처받은 자기감을 확인할 목적으로 자신을 학대하던 사람의 모습을 찾으려 할 수도 있다. 원래 가족에서 부족했던 무언가를 찾으려 할 수도 있으며, 상대방이 가진 힘을 자기 것으로 느끼기 위해 결혼할 수도 있다.

예전에 상담한 여성 내담자 두 명이 생각난다. 먼저 나를 찾아왔던 쪽이 다른 한 명에게 나를 추천해서 내가 두 명을 다 상담하게 되었다. 두 사람은 똑같은 불평거리가 있었는데, 남편이 일 이야기밖에 안 한다는 것이었다. 둘 다 20년 전 '사랑' 때문에 결혼했지만 오래가지 못했다. 그리고 둘 다 몇 살 연상의 재력 있는 '성공한' 남자와 재혼했는데, 이는 분명 더 성숙한 선택으로 보였다. 그러나 실은 두 사람 모두 성장하지 않은 자신의 아니무스를 두 번째 남편에게 옮긴 것이었다. 좋은 집과 멋진 차를 갖게 되었지만 진정한 애정관계는 찾을 수 없었다. 정확하게 말하면, 두 사람이 각자의 남편에게 매혹되었던 요소인 '남성의' 특질은 두 사람 본인의 내면에 성장하지 않은 채 남아 있었을 뿐만 아니라 남편의 개성까지 편협하게 만들었다. 두 사람 사이에 부유함 외에 공통점이라곤 거의 없었는데, 부유함은 그들에게 행복도 의미 있는 관계도 가져다주지 않았다.

원하는 것을 얻었을 때야말로 조심해야 한다는 해묵은 조언을 다시 상기할 필요가 있다. 심층심리학에서는 이 말을 거듭 강조한다. 우리가 얻은 것은 사실 자신의 콤플렉스가, 내면의 무의식이 지금까지 겪어온 이력이, 우리가 살지 못한 삶이 원하는 것일지도 모른다. 근본이 위태로운 탓에 결혼생활 역시 그것과 보이지 않게 엮여 있는 비극적인 각본에 따라 연출될 수밖에 없다.

세상 모든 것이 이 사랑이라는 것에 좌우되는 것처럼 보인다. 우리는 자연을 사랑하고, 사랑을 나누며, 사랑에 빠졌다가 벗어나곤 한다. 사랑을 추구하며 사랑으로 구원받기를 기원한다. 낭만적인 사랑이란 에너지이자 불타는 열정이요, 사랑하는 사람을 향한 격한 갈망이자 미친 듯한 싸움이며, 사랑하는 사람을 잃었을 때의 거대한 슬픔인 동시에 타자가 영원히 내 곁에 있을 것이라는 확신이 없어 생기는 불안감이다. 이 모두는 우리 시대를 이끄는 최대의 동력원이자 가장 흔한 마약이다. 한때 우리 선조들을 신, 자연, 자기 부족, 그리고 자기 자신과 이어주었던 부족신화가 사라진 지금, 낭만적 사랑은 이 시대를 사는 우리의 존재론적 갈망이 가장 흔하게 나타나는 영역인지도 모른다. 낭만적 사랑은 종교를 대체하여 우리 삶에 가장 큰 동기를 부여하며 영향을 주는 존재가 되었다고 말할 수도 있을 것 같다.

그러니 신을 찾는 대신 우리는 사랑을 찾아 헤매게 되었다. 충격적인 발상이라고 생각하는가? 사실이 아닌 것 같은가? 라디오 채널을 한번 돌려보자. 거의 모든 대중가요가 낭만적 사랑을 '종교적 수준'으로 표현한다. '종교'라는 말의 어원이 '되돌려 잇다, 다시 연결하다'라는 뜻임을 돌이켜보라. 이전까지 이를 절대적인 존재와의 관계에서 찾았다면, 지금은 타자에 몰입함으로써 추구한다. 어떤 노래든 이 특별한 타자를 찾는 과정을 담고 있다. 감정의 모퉁이를 한 번만 돌면 그 사람이 기다리고 있을 것이라는 생각, 완벽한 이상형을 발견했다는 기쁨, 콤플렉스로 말미암아 원하지 않았던 이상형의 진짜 모습이 드러나면서 생기는 혼란, 갈등과 상처가 빚는 분노와 슬픔, 상실의 괴로움, 그리고 원점으로 돌아가 시작되는 또 다른 탐색의 여정. 어떤 채널에서 노래를 들어도 이와 같은 내용일 것이다.

마법 같은 동반자를 찾는 이 모든 과정을 포괄하는 노래를 쓸 수만 있다면 떼돈을 버는 건 물론이고 서구문명의 가장 핵심적 종교를 묘사한 작품으로 기록될 것이다. 이 낭만적 판타지는 강력한 라이벌이라 할 수 있는 돈보다도 더 강력하게 사람을 움직이는 힘이 있다. T. S. 엘리엇T. S. Eliot과 알베르 카뮈Albert Camus를 섞어서 현대의 세계를 묘사한다면 '그들은 돈을 많이 벌었고, 관계를 가졌다'라 할 수 있겠다. 형이상학이 사람들에게 통하지 않게 된 지는 이미 오래이며, 낭만적 사랑과 돈 두 가지 다 우리에게 확고부동한 불변의 목표로 자리잡았다.

거짓된 신이 갖는 가장 거대한 힘은 교묘하게 유혹하는 능력이 아니라, 믿음을 갖도록 명령하며 아무리 배신을 당해도 그 믿음에 의문을 품지 않게 만드는 능력이다. 오늘날 대중가요 상당수는 마법 같은 동반자를 다시 찾아 나서겠다는 치열한 결정을 내린 그 마음에 찬사를 보낸다.《매디슨 카운티의 다리The Bridges of Madison County》가 소설로 발간되고 영화화되었을 때 얼마나 인기를 누렸는지 생각해보면 이러한 종교 수준의 낭만이, 사랑을 찾는 끝없는 여정이 어느 정도의 힘을 가졌는지 알 수 있다. 단조롭고 따분한 일상을 보내던 어느 날, 운명처럼 난데없이 등장한 한 멋진 이방인이 내게 현실을 초월하는 경험을 선사하고서는, 나의 영혼만 불태워 일상 속에 남겨둔 채 영원히 떠나버렸다고 생각해보자. 그 사람이 내게 준 입맞춤은 숙명과도 같다. 나의 배우자가 아무리 훌륭하다 한들 이런 판타지와는 비교조차 할 수 없다.

사랑과 결혼이 동일하지 않다는 걸 보여주는 사례는 또 있다. 결혼이란 대부분 암묵적 계약을 넘어 발전하기 마련이다. 우리를 결혼으로 이끈 것이 사실은 자기와 타자에 관해 우리 내면에 프로그래밍된 관념이나 콤플렉스라고 해도 우리의 정신은 그대로 머물지 않고 움직여간다. 사랑에서 벗어난다는 뜻이 아니다. 우리를 지배하던 생각이 시들해지는 대신 새로운 생각이 솟아나 우리를 지배하거나, 콤플렉스가 우리가 애초부터 갖고 있던 기대 수준을 타자가 충족시킬 수 없다고 결론 내렸다는 뜻이다.

　　결혼생활 속에서 성장하지 않는 사람에게 결혼은 끔찍한 재앙이다. 결혼생활이 오래간다는 것만으로는 딱히 축하할 거리가 못 된다. 결혼으로 성장하지 않는 사람의 영혼은 그 긴 기간 동안 무슨 일을 겪겠는가 말이다. 크리스티안 모르겐슈테른Christian Morgenstern의 〈두 바보The Two Asses〉라는 시를 되새겨보자.

　　한 바보가 우울증에 빠져
　　한 번은 배우자에게 이렇게 말했다.

　　"나는 멍청해, 당신도 멍청해,
　　그냥 같이 죽어버리자고, 어서!"

　　하지만 거의 매일 이런 일이 벌어지자,
　　둘은 그냥 유쾌하게 살게 되었다.[4]

　　나는 이 시에 등장하는 "유쾌하게gaily"라는 표현이 역설적이며, 수많은 상처를 감춘 채 남에게 드러내는 얼굴과 같다고 생각한다. 얼추 같은 방향과 속도로 성장하는 부부가 과연 얼마나 되겠는가? 두 사람이 인생을 같은 의식 수준으로 받아들이거나 어려운 문제를 처리하는 능력을 동등하게 갖출 확률은 거의 없다. 한쪽은 부부관계의 무의식적 전제를 넘어 성장하는 반면, 다른 쪽은 결혼할 당시의 암묵적 언약을 고수하는 경우가 훨씬 흔하다. 전자는 좌절감과 우울감을, 후자는 불안과 통제감을 느낀다. 내 경험에 따르면 변화와 성장을 추구하는 쪽은 거의 아내다. 왜냐하면 여성이 부부관계를 더 면밀히 관찰하는 것으로 보이는 반면 남성은 경력이나 재산 같은 외적 지표를 가지고 자신의 안녕을 가늠하는 경향이 있기 때문이다. 부부가 똑같이 불행할 수도 있겠지만, 문제에 대응하는 방법은 서로 다를 것이다. 여성은 부부관계를 재구성하려 하며, 남성은 상처가 생긴 부분을 고치는 데 더 신경을 쓴다. 둘 다 목표는 같은데 수단은 정반대인 것이다.

20세기 미국은 낭만이라는 사상을 기반으로 대중문화가 세워졌으나, 그 기반이라는 게 너무나 불안하다. 그 때문에 필연적으로 생기는 결과가 있는데, 투사와 환상과 기만을 통해 인정을 추구하면 결국은 실망만이 기다린다는 것이다.

그러니 이제 투사에 대해 다시 생각해보자. 우리가 자신에 관해 알지 못하는(그리고 결코 많이 알 수도 없는) 것은 외부세계로 투사된다.

페르시아의 시인 루미Rumi는 마법 같은 타자를 찾아

헤매는 일을 시로 표현했는데, 이렇게 시작한다.

　　사랑 이야기를 처음으로 들은 순간,
　　그대를 찾기 시작했다네⋯⋯[5]

　　신이 내려준 상대, 우리를 온전하게 완성해줄 상
대와의 운명 같은 만남, 바로 우리가 찾는 것이 아닌가?
사랑에 관한 대화로 이루어진 플라톤의 저서 《향연The
Symposium》에서 아리스토파네스Aristopanes가 한 가지 흥미
로운 말을 한다. 인간은 본디 완전한 형태였으나 신의 노
여움을 사서 반으로 갈라졌으며, 그 뒤로 잃어버린 자신
의 반쪽을 미친 듯이 찾아다니게 되었다는 것이다. 우리
가 말하는 희망이 정확히 여기에 담겨 있지 않은가? 하지
만 루미의 시구가 더 현명하게 표현한다.

　　⋯⋯그게 얼마나 맹목적인 일인지 모른 채로.
　　연인들은 결국 어딘가에서 만나는 게 아니며
　　처음부터 서로의 안에 있었을 뿐.[6]

　　나한테는 19세기 라파엘전파pre-Raphaelite* 양식으

---

* 라파엘 이전 시기인 14~15세기의 이탈리아 화가들과 비슷한 양식의 그

로 그린 매우 감성적인 분위기의 그림이 한 점 있다. 단테 Dante가 피렌체 아르노 강변을 산책하던 중 평생의 연인인 베아트리체(베아트리카 포르티나리Beatricca Portinari)와 만나는 마법 같은 순간을 묘사한 작품이다. 그림 왼쪽에는 단테가 가슴에 생긴 상처를 손으로 가린 채 서 있다. 베아트리체는 장미꽃을 들고 그에게 다가가는데, 그림은 단순히 베아트리체의 미모만이 아니라 이후 단테가 《신곡》의 천국편에서 신을 직접 마주하게 될 것까지 암시하고 있다. 베아트리체 옆에는 푸른색 옷을 입은 한 친구가 서 있는데, 푸른색은 중세에서 처녀성과 영성을 상징한다. 그리고 다른 쪽 옆에는 육욕과 정열을 뜻하는 붉은색 의상을 걸친 친구가 서 있다. 이 모두가 캔버스 안에 묘사되어 있다. 그전까지 단테가 전혀 알지 못했던 이 여인 베아트리체는 후일 단테의 영혼을 지옥에서 천국으로 인도하는 사후세계의 안내자가 된다.[*]

이 그림은 매우 강렬할 뿐만 아니라 온갖 투사의 모습까지 보여준다. 여기서 단테의 경험은 실제다. 단테의

림을 그렸던 19세기 영국 미술 사조 - 옮긴이.

[*] 《신곡》의 주인공은 단테 자신이다. 35세의 단테가 어느 날 밤길을 걷다 산짐승들에게 둘러싸이자 로마시대의 시인 베르길리우스가 홀연히 등장하여 단테를 지옥과 연옥으로 안내하며, 그다음 베아트리체의 안내를 받으며 천국으로 여행을 떠난다 - 옮긴이.

창조성을 불태워 당대를 대표하는 신화 시인으로 만든 에너지의 원천이 베아트리체라는 것은 실제가 아니다. 언제나 그렇듯 우리에게 영감을 주는 사람, 우리가 사랑하는 사람은 처음부터 계속 우리 안에 있었던 것이다. 가만있었다면 잠든 채로 깨어나지 않았을 에너지가 방출되도록 박차를 가한다는 사실은 투사의 가장 놀라운 면 중 하나이기도 하다. 이는 독자에게도, 나 자신에게도, 단테에게도, 다른 모든 예술가에게도, 기업가에게도, 정비공에게도, 웨이트리스에게도, 그 누구에게도 맞는 말이다.

투사는 내면에서 어떻게 작동하는가

우리의 심리적 이력, 곧 언제나 '비슷한 대상'을 찾는다는 콤플렉스의 역동적 특징('내가 전에 언제 여기 와봤던가?'), 그리고 투사라는 기제를 통해 모든 연애관계에는 전이transference와 역전이counter-transference가 존재한다는 사실을 알 수 있다.

정신분석을 정식으로 받을 때 내담자는 의식을 탐사하려는 욕구뿐만 아니라 역동적이고 의도적이며 자율적인 자신의 심리적 이력을 지니고 세션에 들어온다. 정신분석가에게도 물론 자신의 이력이 있으나, 오랜 정신분석 경험 덕분에 내담자가 처한 상황과 여건에서 깨어날 수 있는 콤플렉스에는 어떤 게 있는지 잘 안다. 정신분석을 받으면 누구나 이런 정신의 반사작용을 완전히 이해할 수 있는 것은 아니지만 콤플렉스가 표면에 등장할 때 더욱 잘 인식할 수 있게 된다.

다음 도표는 모든 연애 및 결혼 관계에 적용된다.[7] 보통은 친밀함으로 말미암아 자기와 타자의 원초적 이마고나 다양한 관련 전략이 촉발되며 자신이 치유받을 수 있다는 희망이 가장 크게 생겨나는 경우가 많기는 하지만 말이다. 여기서 다시 한번, 그런 원초적 이마고들은 대체로 부모-아이 관계의 우연성에서 비롯된다는 것을 기억해 두자.

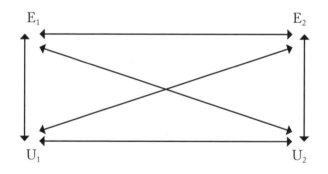

E_1은 자신의 자아 또는 자신에 관한 의식적 인식, E_2는 상대가 자신에 관해 갖는 의식적 인식을 가리킨다. E는 우리가 의식적으로 발휘하는 것, 자신이 생각하는 자신의 모습을 말한다. 그리고 U_1은 자신이 가진 역동적 정신 이력, U_2는 상대가 가진 역동적 정신 이력이다. 여기서 '역동적dynamic'과 '정신 이력psychological history' 모두 매우 중요한 용어다. '역동'이라는 말은 우리의 정신 에너지가 항상 작동하고 있으며, 자아의 통제를 받지 않고 자율적으로 움직인다는 사실을 암시한다(예를 들어 오늘 밤에 특정한 꿈을 꾸겠다고 작정해도 그렇게는 안 될 것이다). 이러한 역동의 목적은 유기체를 보호하고 발달시키는 것이며, 특정 시점에 이 두 가지 또는 둘 중 한 가지 목적을 위해 움직인다. 그리고 '정신 이력'은 단순히 태어난 이후 지금까지 (특히 연애와 관련하여) 일어난 일의 총합만이 아니라 이들이 자신만의 특유한 관점으로 내면에 자리잡아 '잠정적 지식provisional understanding'을 형성하는 과정까지 아우르는 용어다. 잠정적 지식은 개인의 이력에 그 기반을 두며 대부분 무의식 속에 있다.

이 도표에 따르면 에너지가 움직일 수 있는 방향은 열두 가지다. 이 중 의식 속에서 일어나는 이동 방향은 두 가지뿐이며, 여기에 의식으로 전환될 가능성이 있는 이동이 두 가지 더 있다. 에너지는 E_1과 E_2 사이(내 자아와 상대방의 자아) 사이를 양방향으로 움직일 수 있다. 마찬가지로 E_1과 U_1, E_2와 U_2 사이도 양방향으로 움직일 수 있다. 게다가 어느 쪽이든 U(역동적 정신 이력)가 포함된 이동이면(정도의 차이만 있을 뿐 대부분 U를 포함한다) 그 내용은 타자의 E에 투사될 것이다. 이 도표에서는 대각선으로 나타난다.*

무의식은 억압되거나 투사된다는 투사의 핵심 법칙을 생각해보면 어떤 관계에서든 엄청난 양의 이동이 발생한다는 점은 분명하다. 같은 투사라도 그 크기에 따라 차이가 생긴다. 소규모 투사는 내면에 프로그래밍되어 습관화된 방식으로 타자와 이어지는 경우로, 총체적인 대인관계 이력으로부터 발생한다. 대규모 투사는 '잃어버린 낙원으로 돌아가려는' 목표가 타자에 전이되는 것, 곧 내가 상대에게서 치유와 양육과 보호를 받음으로써 혹독한 성장의 과정을 면할 수 있다는 환상과 관련이 있다.

---

* 고전 융 심리학 사상에서는 두 개의 U가 아니마와 아니무스, 다시 말해 남성 내면의 여성적 측면과 여성 내면의 남성적 측면을 가리킬 때가 많다. 오늘날 이 용어들은 대규모의 해체 과정을 거치고 있으며, 아마 재구성될 것이다. 어쨌든 여기서 나는 U를 무의식의 정신 이력에 해당하는 전체 영역으로 간주한다. 이는 동성 결혼에도 마찬가지로 적용될뿐더러, U가 포괄하는 무의식의 내용에는 융이 말한 아니마와 아니무스보다 훨씬 많은 게 들어가기 때문이다 – 저자.

투사가 발생할 때는 전이와 역전이 현상도 같이 발생하기 때문에 우리 마음속에서는 필연적으로 상대에게 거대한 목표를 갖게 된다. 우리에게는 이를 되돌릴 용기도 의식도 충분하지 않기 때문이다. 우리가 인간인 이상 마음속에는 초인간적 타자를 향한 갈망이 있다. 문제는 이를 어느 정도로 자각할 수 있느냐다.

에너지가 E_1에서 E_2로 향할 때는 관계가 의식적이다. 두 사람이 시카고발 뉴욕행 비행기 안이나 산타페발 휴스턴행 열차에서 서로 신나게 대화를 나눴는데, 헤어지고 나서는 서로를 떠올리지조차 않을 수 있다. 이런 종류의 만남은 보통 의식 수준의 상호작용에 머무른다. 그러나 두 사람에게도 정신 이력이 있을 것이고, 둘 중 한 사람 또는 두 사람 모두의 정신 이력이 활성화될 수 있다. 한쪽이 돌아가신 부모님 같은 모습, 또는 좋아했거나 무서워했던 선생님 같은 모습을 보였을지도 모른다. 그러면 무의식이 작동하여 전이 또는 역전이를 특정한 방식으로 불러내어 역동하게 만든다. 그 결과 상대를 매우 불편하게 느낄 수도, 상대에 강하게 이끌릴 수도 있다. 이런 상황에서 로맨스가 피어나 결혼까지 이르는 경우가 얼마나 많은가?

본질적으로 일시적인 관계에서도 한 사람의 생애가 재연될 수 있다. 우리는 자신이 사랑하는 타자의 이마고

또는 자신의 공포와 증오를 외부에 투사하고, 똑같은 종류의 투사를 외부에서 받기도 한다. 이럴 때 우리는 무의식 속의 내용에 의식을 빼앗긴다는 점에서 일시적으로 정신질환 상태에 빠진다. 과거의 경험이라는 렌즈가 우리 눈을 덮고 지각 능력을 왜곡시켜 완전히 새로운 선택과 그 결과로 이루어진 세계가 태어난다.

보통 말하는 '사랑에 빠진' 상태란 잠깐 정신질환을 앓는 것과 같다. '눈먼 사랑'이라든가 감응성 정신질환 folie à deux* 같은 표현을 쓰는 이유도 여기에 있다. 큐피드가 종종 눈가리개를 쓴 모습으로 묘사되었음을 생각해보라. 앞이 보이지 않는 상태에서 제대로 된 선택이 가능하겠는가? 사춘기 때 우리는 적어도 일주일에 한두 번쯤은 이런 광기에 휩싸인다. 다행히 이 정신질환은 보통 오래가지 않는다. 그러나 사랑의 광기에 빠져 있을 때 우리는 자신과 타인에게 엄청난 해를 입힐 수 있다. 깊은 우울감이나 스토킹, 자살, 심지어 살인까지. 이 대목을 쓰는 오늘, 미시시피주의 펄이라는 작은 도시가 완전히 뒤집어졌다. 짝사랑으로 고통받던 한 10대 청소년이 학교에서 총격 사건을 벌여 여러 명이 사망하는 사고가 벌어진 것이다.**

---

* 밀접한 두 사람이 동일하거나 유사한 정신장애를 갖는 현상 – 옮긴이.
** 1997년 10월 1일에 일어난 사건이다 – 옮긴이.

18세기 말 유럽에서 가장 인기 있던 책은 괴테의 소설 《젊은 베르테르의 슬픔》이다. 이 소설에서는 사랑을 이루지 못한 한 청년이 결국 스스로 죽음을 맞는다. 이 책이 나온 뒤 수십 년 동안 연인에게 버림받거나 이루지 못한 사랑에 좌절한 여러 사람이 라인강이나 네카어강에 몸을 던지거나 절벽에서 떨어져 스스로 목숨을 끊었으며, 이들의 주머니에는 하나같이 《젊은 베르테르의 슬픔》이 들어 있었다.

자살은 무의식이 가진 원래 전제, 곧 '내 영혼과 내 현실은 타자의 손에 달렸다'를 확장하면 '논리적'으로 이르는 귀결이다. 타자가 내 곁에 없거나 나를 거부하거나 외부의 힘 때문에 타자에게 다가가지 못한다고 느낄 때, 나는 자기감을 느끼지 못할 정도로 고통받는다. 그리고 이 논리에 따르면 자기감을 느끼지 못할 때 나는 비참하며, 자신을 잃지 않기 위해 차라리 스스로 목숨을 끊는 쪽을 택해야 한다. 순환 논리의 오류이지만 극단의 상태에 놓인 사람이 이 오류를 알아챌 리 만무하다. 이 복잡하고 배배 꼬인 광기는 대중문화 속에서만 흔한 주제가 아니다. 연인들은 진지하게 이 광기를 갈망한다. 무아의 경지 같은 황홀감과 초월감을, 그리고 잃어버렸던 내 집, 낙원으로 돌아가기를 갈망하는 것이다! 파우스트가 그랬듯, 초현실적으로 삶과 조우하는 경험을 갈망하지 않을 사람이 어디 있겠는가? 그런 초월적 경험 후에 휠덜린Friedrich Hölderlin이 읊은 것처럼 "나도 신들처럼 살았으니, 더 무엇이 필요하리"[8]라고 말해보고 싶지 않은 사람이 어디 있겠는가? 아니면 시인 루미가 이렇게 노래한 그대로를 경험해보고 싶지 않을 사람이 어디 있겠는가?

당신에게 입 맞추고 싶어.
입맞춤의 대가는 당신의 목숨.

사랑이 소리치며 내 삶으로 달려오고 있네,
이렇게나 싸다니, 당장 사야겠네.[9]

약물이나 도박, 음식 따위에 중독되어 일시적으로 얻는 쾌락은 타자가 우리에게 주는 초월적 경험에 비하면 아무것도 아니다. 우리가 삶의 이력이라는, 마치 몸속 신경과도 같이 복잡한 미로 속을 헤매며 탐색하는 것은 단순히 이 세상의 고통을 덜거나 권태와 우울을 달래기 위해서가 아니라 신화 속 에덴동산을 되살리기 위해서다. 마법 같은 타자를 통해 잃어버린 에덴이 되살아날 것이라는 힌트, 약속, 암시를 얻는 것만큼 우리 삶에 강력하게 영향을 끼치는 것은 없다. 그러니 저 멀리 에덴이 잠깐 살짝 보였다면, 에덴을 다시 잃어버릴지 모른다는 생각에 실망과 공포를 느끼는 것도 당연하다. 또다시 잃어버린다면 계속 살아갈 이유가 없지 않을까? 에덴을 계속 잃어버리는 건 인간의 숙명이다. 그걸 다시 찾으려는 희망이 우리가 가진 환상 한가운데 있기에 더욱더 그렇다.

하지만 타자 역시 우리처럼 단순하고 흠결 있는 인간에 불과하므로 언젠가 에덴으로 돌아가겠다는 우리의 목표를 전부 짊어질 수 없다는 사실을 우리는 알고 있다. 마찬가지로 이 목표를 타자가 가졌다 해도 우리가 대신 이뤄줄 수 없다. 앞에서 설명한 관계 도표에서 대각선으로 표시된 부분은 도표에 나타난 열두 가지 가능성 중 가장 역동적이다. 여기에는 경험과 이력, 갈망과 거대한 희망이 너무 무겁게 얹혀 있어서 결국에는 무너질 수밖에 없다. 그 순간 우리는 사랑을 잃어버린다. 문화에서도 마찬가지다. 대중가요 대다수는 사랑하는 타자의 상실을 슬퍼하는 내용이다. "당신은 누구인가요." "더는 당신을 모르겠어." "당신은 변했군요." "당신 때문에 내 마음이 아파요." 다시 말해 에덴을 되찾겠다는 내 계획이 물거품이 되었다는 뜻이다. 하지만 나의 '에덴 프로젝트', 타인을 통해 잃어버린 낙원으로 돌아가겠다는 계획은 근본적으로 무의식이다. 내 안 어디서 비롯했는지 알 수 없으므로 그저 이 모든 크나큰 실망감은 당신 탓이라고 말할 수 있을 따름이다.

투사에서 벗어나는 법

스위스의 정신분석학자 마리루이제 폰 프란츠Marie-Louise von Franz는 저서《융 심리학에서 말하는 투사와 다시 모으기Projection and Re-Collection in Jungian Psychology》에서 투사, 그리고 그 이후 정신의 조각을 다시 모으는 다섯 가지 과정에 관해 설명했다.

투사의 첫 번째 단계에서는 자신의 내면 경험이 "외부에서 경험했기 때문에 사실은 외부의 경험"이라고 생각한다. 그래서 사랑뿐만 아니라 의심에도 깊이 빠질 수 있다. 이전에 한 내담자는 자기 아내가 바람을 피우고 있다고 확신하여 어딜 가든 쫓아다녔다. 사설탐정을 고용하고, 아내를 강요하여 두 차례나 거짓말 탐지기 테스트를 받게 했음에도 결백하다는 아내의 말을 믿지 못했다. 내담자는 여덟 살 때 어머니가 외간 남자와 도망가는 걸 목격한 뒤로 다시는 어머니를 만나지 못했다. 그리고 성인이 되어 아내를 만나 마음을 주었지만, 아내 또한 어머니와 다를 바 없다고 생각했다.

다른 예로 소시오패스sociopath가 어떤 투사 시스템 속에서 살고 있는지 한번 살펴보자. 이들은 어린 시절 깊은 상처를 경험했고, 원초적 타자로부터 당한 배신을 모든 인간에게 투사하며, 어떤 인간관계든 자신이 계속 통제하지 못하면 유지하지 못한다. 소시오패스는 타자를 통제하지 못하게 되면 폭력적으로 변하는데, 이는 무력했던 아동기의 경험을 무의식중에 되풀이하는 것이다. 상대를 학대하는 일은 과거가 현재로 투사된 전이의 형태로, 음울하며 상처만 남는 악순환이다.

투사의 두 번째 단계에는 타자에게 갖고 있던 기대와 실제의 경험이 점점 어긋나며 그 괴리가 커진다. 그녀는 왜 내 말을 대놓고 무시할까? 그는 왜 나한테만 헌신하지 않을까? 그녀는 왜 종종 화를 내고 고집을 부릴까? 하찮은 의문으로 시작했지만 의심은 커져만 간다. 의심은 공황으로 이어지며, 결국 현실 속 타자의 모습 자체에 의문이 생기기 시작한다. 참으로 가슴 아픈 일이다. 수많은 커플이 처음의 순수한 관계를 벗어나 힘겨루기 싸움을 시작하는 이유이기도 하다. 내가 원하는 대로 행동해주지 않으니 행동으로 본때를 보여줄 수밖에 없군. 당신을 지배하고 흠잡고 학대하고 외면하고 방해하겠어! 이런 태도와 행동은 거의 의식의 영역이 아니지만, 어쨌든 이를 통해 이상과 현실의 간극을 메운다.

우리는 잃어버린 집으로 돌아가는 여정을 지금껏 타자에 의존했다. 투사가 사라지면 고통스러울 때가 많으며, 투사가 클수록 상처도 크다. 유리창에 계속 머리를 부딪쳐대던 홍관조가 느꼈을 좌절감이 이럴 것이다. 제임스 서버James Thurber의 소설《들판의 유리벽The Glass in the Field》에서 방울새가 유리벽을 들이받았을 때 느낀 당황스러운 충격이 이럴 것이다. 이 소설에서 방울새는 동료에게 자신의 경험을 이렇게 늘어놓는다. "초원 위를 날고 있었는데 말이지, 갑자기 공기가 딱 굳어서 나한테 부딪히지 뭐야." 커플이 심리치료를 받는 시점에는 이미 서로에게 뼛속 깊이 상처받아 피를 철철 흘리는 상태일 경우가 많다. 두 사람 다 심리치료사를 중립적인 제삼자가 아니라 서로에게 판결을 내려줄 재판관이라고 생각한다. 이때쯤이면 사랑은 이미 사라지고 힘의 원리만이 지배한다.

투사의 세 번째 단계에서는 심리치료 중이든 아니든 상대에 관해 얻은 새로운 인식을 평가할 수밖에 없게 된다. 이제 나는 내 연인을 완전히 새롭게 보아야 한다. 우리 사이는 어떻게 되는 걸까? 그리고 이 사람은 과연 누구지?

네 번째 단계에는 지금까지 상대에 관해 인식했던 내용은 실제가 아니며, 나는 그 사람을 외부에서 객관적으로 경험한 게 아니라 자신의 내면에서 주관적으로 경험했다는 사실을 깨닫는다. 그렇게 함으로써 상대의 어깨에 얹혀 있던 내 거대한 목표를 털어내주기 때문에 이는 윤리적으로 용기 있는 행동이다.

다섯 번째 단계에서는 자신 안에 투사된 에너지의

근원, 곧 투사가 가진 의미를 파악한다. 내 안의 어떤 부분 때문에 투사가 이루어졌으며 그 목적은 무엇인가? 투사는 원래 무의식인 것으로 정의되기 때문에 우리는 기대와 현실의 불일치에서 비롯한 고통을 견디고 나서야 비로소 투사에서 벗어날 수 있다.

이러한 불일치의 고통과는 별개로, 우리는 콤플렉스를 감지할 때와 같은 세 가지 방식으로 투사가 이루어졌음을 감지할 수 있다.

첫째로, 어떤 콤플렉스나 투사가 촉발될지 예측 가능한 상황이 있다. 가장 흔한 예로 연애관계를 들 수 있다. 연애관계라는 세계는 에너지로 가득 차 있으며 서로를 향한 투사가 끊임없이 이뤄진다. 그로 인해 우리는 우울해질 수도 있다(그리고 언제나 겸손해진다). 우리는 타자를 제대로 알지 못하며, 이 모르는 부분을 자신이 투사한 내용으로 채우는 경향이 있기 때문이다. 몇십 년을 함께 살았다 해도 서로에게 엄청 익숙해졌을 수는 있을지언정 실상 서로에 관해서는 거의 잘 모른다.

둘째로, 육체적인 방식으로 투사를 경험할 수도 있다. 속이 울렁거린다거나, 심장이 빨리 뛴다거나, 손에 땀이 찬다거나 하는 신체화somatic* 상태는 투사의 가능성이

---

* 마음의 문제가 몸의 증상으로 나타남 – 옮긴이.

있다고 몸이 우리에게 내리는 경보다.

셋째로, 투사에서 방출되는 에너지의 양은 언제나 상황과 균형이 맞지 않는다. 연애나 결혼 같은 친밀한 관계는 '낙원으로 돌아가려는' 계획이라는 짐을 짊어지고 있으며, 우리가 이런 관계에서 느끼는 에너지의 크기는 사실 그 계획이 얼마나 거대한가를 보여주는 증거다. 관계가 그렇게 중요하지 않다는 게 아니라 우리가 관계를 지나치게 중요한 것으로 만들어버릴 가능성이 있다는 뜻이다. 다시 말하지만 이런 관계에 있던 상대를 잃고 나서 우리가 상실감을 못 견뎌 자살 욕구에까지 시달리는 이유가 바로 이것이다. 잃어버린 원초적 타자를 되찾을 수 있다는 희망이 무너졌기 때문이다. 물론 잃어버린 것을 슬퍼하는 일이야 자연스럽고 당연하지만, 타자를 과대평가하기 위해서는 자신을 과소평가해야 할 때가 대단히 많다는 게 문제다.

융은 우리에게 투사는 어디에나 있음을 상기시킨다. "보통 투사가 발생하는 심리적 이유는 언제나 같다. 자신을 표출하려는 무의식이 발현한 것이다."[10] 그리고 이렇게 말하기도 했다.

엄격히 말해 투사는 절대 생겨나지 않는다. 항상 존재하기 때문에 그저 일어날 뿐이다. 내 바깥의 어둠 속에서 나는 내 내면의, 정신의 삶을 발견하지만 그것을 인식하지는 못한다……. 투사는 우리가 텅 빈 어둠 속을 탐사하면서 그 빈 곳을 자신도 모르는 사이에 살아 있는 존재로 채우려 할 때마다 똑같이 되풀이된다.[11]

이상과 실제의 불일치로 고통받고 투사의 대상이었던 상대를 잃고 나면, 우리에게는 의식으로 다시 돌아와야 한다는 겸허한 과제가 남는다. 우리가 알지 못하는 것이 우리에게 상처를 줄 수 있으며 실제로 상처를 입힌다. 다른 사람들에게도 마찬가지다. 결국 이로부터 우리의 도덕적 책무가 성립된다. 폰 프란츠는 이렇게 주장한다.

평균적인 우리 인간은…… 투사가 일어날 때마다 이를 투사라고 그대로 인지하거나 최소한 판단 착오라고 받아들일 필요가 있다. 이는 평생 계속되며, 거의 피할 수 없다. 그러므로 투사가 발생할 가능성을 항상 염두에 두는 일이 내가 보기엔 더할 나위 없이 중요하다. 그렇게 하면 우리 내면의 자아의식ego-consciousness이 훨씬 겸손해질 뿐 아니라 우리의 관점과 감정을 신중하게 시험해보도록, 그리고 실재하지 않는 목표를 추구하느라 정신의

에너지를 낭비하지 않도록 준비할 수 있다.[12]

폰 프란츠의 마지막 말은 우리가 "실재하지 않는 목표를 추구하느라 정신의 에너지를 낭비하지 않"으려면 되풀이해 음미할 가치가 있다. 낙원 같은 에덴동산을 되찾겠다는 이상을 향한 노력은 너무도 인간적이지만, 이 목표는 추구할수록 더 멀어진다. 피곤에 지친 코로나도 Francisco Vázquez de Coronado*와 다른 신대륙 정복자들이 뉴멕시코주에서 경험한 상황이 이와 같았을 것이다. 언덕 꼭대기에서는 분명 지평선 너머로 또 다른 황금의 도시가 보이는데, 정작 거기에 다다르면 도시는 어느새 사라지고 없다.

두 사람 사이에 무의식에서 무의식으로 이어지는 에너지의 심오한 흐름을 상상해볼 필요가 있다. 앞에서 살펴보았던 '관계 도표'에서 맨 아랫부분에 해당한다. 경험을 구체화하여 그 근원을 추적하기 전에는 U_1과 U_2 사이에 일종의 신비적 관여가 발생한다는 사실을 두 사람은 깨닫지 못한다. 투사를 통한 동일시, 다시 말해 한쪽의 개성이 다른 한쪽으로 포섭되며 둘 사이의 경계가 흐려지는

* 코로나도 원정팀은 16세기 뉴스페인(지금의 멕시코)에서 출발하여 현재의 미국 캔자스주와 미국 남서부 지역을 탐험했다 – 옮긴이.

일도 일어날 수 있다. 히틀러가 집단의지의 화신이 된 과정이 이랬을까? 히틀러의 무의식이 영웅의 투사나 구원자 콤플렉스를 넘어서는 수준으로 열렬한 독일 대중의 무의식에 개입한 것은 아닐까? 히틀러가 어떻게 수백만 명의 군중을 동원하고 자신에게 몰입시켜 그 에너지로 경제와 정치를 장악했는지 설명하는 데 어느 정도는 개연성 있는 생각이 아닐까 한다.

투사를 통한 동일시가 실제로 발생한다는 데는 의심의 여지가 거의 없다. 우리는 타자를 통해 원하던 낙원으로 돌아왔다고 느끼면 기분이 매우 좋아진다. 하지만 자신이 타자의 소유가 되었다고 느끼면 기분이 끔찍하고 불쾌해진다. U_1과 U_2 사이에 이루어진 무의식의 오염으로 말미암아 얼마나 많은 대학살이, 순교가, 화형이, 그리고 집단 히스테리가 일어나 역사에 오점을 찍었는가?

관계 도표의 대각선과 수평 부분을 살펴봤으니, 이제 가장 결정적으로 중요한 수직축 부분을 살펴보자. 이 수직축은 두 사람 각자의 의식과 무의식 사이의 관계를 나타낸다. 모든 관계의 성격과 질이 여기서 생겨나는데도 불구하고 가장 주목받지 못하는 부분이기도 하다. 다시 한번 강조한다. 우리는 무의식에 무엇이 있는지 알 수 없지만, 무의식이 활동 중이며 투사를 하고 있다는 사실을 잊으면 안 된다.

어떤 투사든 그 내용은 자신을 구성하는 요소의 일부이므로 우리가 상대에게서 '보고 있는' 것은 사실 우리 자신의 일부다. 말도 안 되는 것 같지만 이런 점에서 볼 때 우리가 사랑에 빠지는 대상은 타자에게서 반사되어 우리에게 보이는 자신의 모습이다. 보통의 일생에서 우리는 자신과 연애관계를 맺을 가능성이 있는 타인을 수천 명은 만난다. 그러나 실제로 자기와 타자의 이마고를 우리 무의식 속에서 깨울 능력이 있는 사람은 그중 일부, 수백 명 정도다. 융의 설명에 따르면 이들은 저 멀리 던져진 정신의 구명 밧줄을 낚아채서 붙들 갈고리를 우리에게 선사한다고 할 수 있다.

이들 이마고는 주로 관계에 대한 우리의 원초적 경험, 곧 오래전에 우리 정신 속에 깊이 새겨진 부모와의 관계와 부모 사이의 역동으로 구성되어 있다는 사실을 기억하자. 애정관계를 맺을 가능성이 있는 사람을 만나면 우리와 그 사람 사이에 에너지가 교환된다. 우리가 상대에게 에너지를 전달할 수도 있고, 상호교환이 이뤄지기도 한다. 우리가 상대에게 투사한 내용이 반사되어 돌아오면 우리는 일종의 공명, 자기가 온전해질 수 있다는 가능성의 암시를 경험한다. 이는 낙원으로의 귀환과 같다. 우리가 다시 연결되어 사랑에 빠지는 상대가 실은 우리 자신이니까 말이다.

타자가 우리에게 친절이나 아름다움, 또는 아픔을 주며 예전에 겪었던 상처를 되풀이하게 만들 능력 같은 객관적 특질을 갖고 있다는 뜻이 아니다. 앞서 말했듯이 우리는 아무리 오래 서로 함께한다 해도 상대를 제대로 알 수 없다는 의미다. 그러므로 우리가 '아는' 것은 사실 플라톤이 〈메논Menon〉에서 지식에 관해 언급한 대로 상기re-cognition를 경험하는 것이다. 한때 알았지만 잃어버린 것, 억압된 것, 또는 우리에게서 분열되었거나 떨어져나간 것을 다시 알게 된다는 뜻이다.*

다시 알기re-knowing, 다시 기억하기re-membrance, 그리고 상기는 상대에게서 거울처럼 비친 우리 자신의 모습을 재발견하는 것이다. 이를 서로가 경험할 때, 음악이 울려퍼지고 하늘은 색색으로 빛나며 희망이 되살아나 세상이 새로워진다. 그리고 나면 서로 간의 투사가 벗겨지기 시작한다. 그러나 투사된 희망이 무너질 때의 실망감보다

* 플라톤은 자신의 저서를 주로 희곡 같은 대화 형식으로 남겼는데 이를 대화편이라 부른다. 저술 시기에 따라 초기, 중기, 후기 대화편으로 나누며 〈메논〉은 중기 대화편 중 하나다. 이 저서에서 플라톤은 완전한 형상에 관한 지식, 그리고 진리와 실재에 관한 모든 지식은 언제나 영혼 그 자체 안에 현존하고 있다고 말한다. 지식은 영혼 안에 있기는 하나 잠재적이며 무의식적이다. 따라서 학습 또는 진리의 발견이란 이 잠재적인 지식을 상기시켜 의식의 차원으로 끌어올리는 것일 뿐이다 - 옮긴이.

고통스러운 것이 없듯, 투사된 희망이 깨어나는 것만큼 사람을 들뜨게 만드는 것도 없다. 이렇게 희망이 깨어나는 것, 타인에게 느끼는 매혹의 어렴풋한 근원을 우리는 로맨스라 부른다. 역설적으로 상대에게 비친 자신의 모습을 찾아 헤매는 일은 나르시시즘narcissism의 역학이기도 하며, 어릴 적 자신을 사랑하고 긍정해주는 부모에게 스스로를 충분히 비춰보지 못한 어른에게서 나타나곤 한다.

예전에 한 여성 내담자는 나르시시즘이 강한 아버지가 딸이 비디오로 촬영해준 영상 속 자기 모습을 보며 '자기 자신과 사랑에 빠졌다'고 말했다. 그는 플로리다로 돌아가서 그 영상을 몇 번이고 돌려봤다고 한다. 내담자는 어렸을 때 아버지가 그녀를 자신의 반사된 이미지를 보여줄 대상으로 여기는 대신에 차라리 TV를 들여놨다면 자신의 삶이 달라졌을 것이라고 했다.

로맨스라는 관념에 깊이 사로잡힌 사람은 당연히 반발할 것이다. 하지만 이들은 마법 같은 동반자라는 허상에서 벗어나지 못한 채 이를 계속 좇으며 살아갈 것이다. 독자 중에는 불평하듯 이렇게 질문할 사람도 있을 것이다. "하지만 로맨스는 진정 없는 걸까? 삶을 흥미롭고 신나게 만들어주는 것은 진정 아무것도 없단 말인가?" 그럴 리가 있나. 당연히 있다. 이것이 투사의 놀라운 면이기도 하다.

물론 이 책을 읽는다고 해서 투사를 멈출 수도, 온전

한 의식을 얻을 수도 없다. 우리의 연애사를 냉정하게 되짚어보면, 시간이 지나면서 시작과는 다른 쪽으로 변화해 갔음을 인정할 수밖에 없다. 낭만적 흥분 상태에 영원히 머무를 수만 있다면 얼마나 좋겠는가. 하지만 그런 일은 불가능하다. (누군가가 불교 신자인 영국 작가 앨런 와츠 Alan Watts에게 우리가 득도한 상태로 있지 않는 이유가 무엇인지 질문한 일이 생각난다. 와츠는 이렇게 대답했다. "그렇게는 못하니까요, 젠장.") 정신의 에너지는 고정될 수 없다. 헤르메스*와 같아서 끝없이 움직이고, 죽고, 사라졌다가 다른 곳에서 다시 나타난다. 그리스 신화에서 가장 나이 어린 신이 에로스인 이유이기도 하다. 물론 타자가 주는 기쁨, 믿음, 깊은 애정과 헌신이 남아 있을 수 있다. 우리에게는 이렇게 지속하는 감정을 지칭하는 말이 있으니, 바로 사랑이다. 사랑은 로맨스처럼 우리를 도취시키지 않고, 실체 없는 허상도 아니며, 오래갈 가능성이 있다.

결국 두 사람이 맺는 친밀한 관계가 얼마나 건강하고 희망적일지는 자신의 의식과 무의식 사이의 관계를 스스로 책임지겠다는 당사자의 의지에 달려 있다. 일리 있

---

* 그리스 신화에서 신들의 전령이며, 제우스의 명령을 전달하는 전령으로 주로 등장한다 – 옮긴이.

는 말이고 간단해 보이지만 이것보다 어려운 일도 없다. 어떤 관계든 부담이 따르는 이유는 그 이면에 다른 사람을 통해 낙원을 되찾겠다는 거대한 계획이 숨어 있기 때문이며, 우리 내면에서 의식과 무의식 사이의 관계를 스스로 책임지려 하지 않기 때문이다.

다음과 같은 근원적 질문을 던지려면 크나큰 용기가 필요하다. "내가 스스로 해야 하는데도 상대에게 요구하고 있는 것은 과연 무엇인가?" 예를 들어 내가 상대에게 내 자존감에 좀 더 신경 써달라고 요구하고 있다면, 아직 미해결 상태로 남은 문제가 있다는 뜻이다. 상대가 자신을 더 잘 보살펴주는 사람이 되기를 기대하고 있다면, 내가 아직 제대로 성장하지 못했다는 뜻이다. 나의 힘들고 무서운 여정을 상대 덕분에 면할 수 있으리라고 기대하고 있다면, 내가 이 세상에 태어난 가장 가치 있는 이유이자 삶의 핵심 과제를 포기해버렸다는 뜻이다.

투사가 이루어질 때마다 우리는 '이것은 내게 어떤 의미를 전하는가?'라는 질문을 던져야 한다. 그리고 우리가 지금 타자에게 바라는 모든 것은 우리 자신을 향한 요구가 되어야 한다. 투사는 원래 무의식의 산물이기 때문에 우리는 투사가 무너지고 그로 인해 고통받고 나서야 이러한 작업의 필요성을 느낀다. 그러나 투사에서 가장 중요한 관심사, 곧 자신을 '사랑해달라'는 요구를 제대로 충족하려면 타자에게 투사한 것을 스스로 걷어내는 영웅적 과제를 수행해야 한다. 일찍이 마하트마 간디가 말한 것처럼 "겁쟁이는 사랑을 드러내지 못한다. 그것은 용감한 자의 특권이다". 내가 원하는 이미지를 타자에게 투사하고 타자의 실제 모습과 뒤섞음으로써 '낙원으로 돌아가는' 일은 간단하다. 하지만 다름otherness을 사랑하는 것이야말로 진정 담대한 일이다. 타자를 정말로 타자 그 자체로 사랑한다면, 우리가 자신의 개성화를 완수하는 책임을 용감하게 받아들였다는 뜻이다. 이런 용감한 모습이야말로 사랑이라 해야 할 것이다. 아우구스티누스Augustinus는 이를 이렇게 표현했다. "사랑이란 그 사람이 자기 모습 그대로 존재하기를 바라는 것이다."

사랑에 관한 이러한 관점은 한 가지 모순적 진실을 표현한다. 진정한 사랑은 '무심하다'는 것이다. 단순히 타자가 있는 그대로 존재하는 데 만족할 뿐만 아니라 상대가 타자로 존재하도록 지지해준다. 스위스의 신학자 카를 바르트Karl Barth는 신을 "완전한 타자Wholly Other"라고 정의했다. 내가 사랑하는 사람 역시 완전한 타자다. 타자를 이렇게 존중하는 일은 이론적으로는 당연해 보이지만, 현실에서 이를 실현하려면 늘 우리의 연약하고 겁에 질린 본성과 싸워야 한다.

'낙원으로 돌아가야 한다'는 계획은 과거에 겪은 정

신적 충격으로 말미암아 우리 내면 깊숙한 곳에 프로그래밍되어 있다. 그러나 우리 주변에서 볼 수 있듯 이 계획은 친밀한 관계를 파괴하는 주범이다. 그러므로 우리는 내면에 프로그래밍된 '타자와 결합하려는' 욕구와 '타인과 갈라져 나 자신의 개성화를 이뤄야 한다'는 내면의 명령 사이에 갇혀 있는 상태다. 이 둘은 서로 반대이기 때문에 그 사이에 언제나 긴장이 존재한다. 이 긴장을 유지한 상태에서 의식으로 끌어올리는 일은 친밀한 관계에 있는 두 사람 모두에게 윤리적인 과제이며, 이를 수행하려면 의식적인 노력과 영웅적 의지가 필요하다.

인간의 속성과 그 다양한 이력의 숨은 동력으로 작용하는 이 은밀한 계획에서 손을 뗄 때 우리는 비로소 자신의 영혼이 지닌 광활함을 접할 수 있다. 우리가 용감하게 "내가 궁극적으로 원하는 건 이 사람도, 다른 어떤 사람도 내게 주지 못해. 내가 원하는 건 오직 나만 쟁취할 수 있어"라고 말할 수 있을 때 우리는 비로소 애정관계가 우리에게 선사하는 모든 것을 자유롭게 찬양할 수 있다.*

---

* 캐나다 온타리오주 카를 융 재단C.G. Jung Foundation 이사장의 사무실 책상에는 이런 글귀가 적혀 있다. "내면의 결혼inner marriage은 물론 좋은 일이지만, 밤에 내 발을 덥혀주진 않는다." - 저자. (융 심리학에서 '내면의 결혼'이란 내면을 온전하게 만들기 위해 개성화의 과정을 거치는 일을 말한다 - 옮긴이)

역설적으로 타자는 우리가 자신의 영혼이 지닌 광대함을 접하며 삶에서 개성화 과정의 일부를 경험하기 위한 수단이 될 수 있다.

타자가 지닌 '나와 다름'이 없다면, 자아의식이 보이는 편파성과 과도한 확신에 반격할 수 없을 것이다. 아무도 없는 산꼭대기에서 평생 명상에 잠겨 있다면 우리의 대화 상대는 유령, 곧 형체 없는 정신의 파편밖에 없을 것이다. 자신과의 대화가 필요 없다는 얘기가 아니라 그런 경우 타인의 다름을 직면할 때 고통을 겪을 수밖에 없다는 얘기다. 타인과의 관계가 개성화 과정에 가장 크게 기여하는 부분이 바로 이것이다. 자기와 타자 사이의 대화가 곧 정신역동이며, 우리는 이를 통해 성장한다. 내가 의식의 한계에서 벗어나 그 사람을 타인으로 인식할 수 있어야 하므로 나는 나 이상의 존재가 되며, 그 사람도 나를 타인으로 인식할 수 있어야 하므로 그 사람 이상의 존재가 된다. 이는 서로 반대되는 것들이 가져오는 긴장을 극복하고 서로의 성장을 돕는 가장 중요한 방식이다.

두 사람이 만나면 융이 말하는 "제3의 합일the reconciling third" 또는 초월적 기능transcendent function의 가능성이 열린다. 두 사람이 합일하여 하나가 되면 원래 각자이던 두 사람이 아닌 새로운 존재가 되는 것이다. 융의 말을 빌리면 다음과 같다.

자연 상황에서 반대되는 것들의 문제를 해결하는 일은 언제나 역동적 과정을 거친다. 이때 자연은 '자연'이라는 말이 상징적으로 갖는 가장 진정한 의미를 보여주며, 폭포의 물줄기가 눈으로 보기에 위쪽과 아래쪽을 잇는 것처럼 양쪽을 모두 행동으로 표현한다.[13]

이 제3의 중재자는 애정관계에서 우리에게 실질적인 도움을 주며, 융이 말한 '상징적 삶symbolic life'으로 우리를 이끄는 역할을 한다. 상징적 삶은 우리가 이 세계 그리고 우주와 대화를 나눠서 직접 얻는 결과다. 내가 그 사람과 나누는 대화는 내가 우주와 나누는 대화다. 우주와 대화할 때 전해지는 것과 똑같은 에너지를 그 사람이 구체화하여 전달하기 때문이다. 그 사람 덕분에 내가 가능하다고 생각하는 것을 다시금 생각하고 인식이 성장·확장함에 따라 나는 자기Self가 요구하는 내용을 더 많이 실현할 수 있다. 우리는 태어나서 죽을 때까지 할 수 있는 모든 것을 이루도록 요구받는다. 그 사람과의 관계를 변증법적으로 실현한다면 나는 이미 상징적 삶, 곧 깊이가 있는 삶을 사는 것이다.

여기서 말하는 관계의 변증법, 곧 원대한 대화야말로 '결혼'의 온당한 정의일지도 모르겠다. 결혼한 사람 중

대다수가 이런 원대한 대화를 나누지 않는다. 따라서 상대를 타자로 온전히 인정하는 동시에 각자가 반려자로서 갖는 절대적 개성을 지켜주는 '신성 결혼hierosgamos'을 경험하지 못한다.

사랑, 관계, 영혼

그렇다면 우리는 이제 관계에서 무엇을 얻을 수 있는지 분명히 밝힐 필요가 있다. 우선 투사가 걷히고 나면 우리는 모르고 있거나 거부했던 자신의 일부분을 인식할 수밖에 없다. 다른 한편으로 타자가 지닌 다름(타자성)으로 말미암아 우리는 내면의 변증법을 따라야 하며, 이는 두 사람 모두의 성장에 필요한 자극이 된다. ("당신과 함께 있으면 나는 나 이상의 존재가 됩니다.")

관계에서 얻을 수 있는 것이 한 가지 더 있다. 타자로서 상대는 우리에게 영원으로 통하는 창문, 광대한 우주로 향하는 다리가 될지도 모른다. 프리드리히 폰 하르덴부르크Friedrich von Hardenburg가 연인에게 보낸 편지의 요지가 바로 그것이다. 그는 18세기 후반에 노발리스Novalis라는 필명으로 활동한 시인이며, 특히 영원한 "파란 꽃"을 찾아 헤매는 내용의 작품으로 유명해졌다.*

그대는 테제이자 고요하고 창백하며 유한하고 완결된 사람이오. 나는 안티테제이자 불안하고 모순적이며 정열적이고 자신을 초월하려 하는 사람이오. 이제 우리가 합쳐지면 아름다운 화음이 될지, 아니면 이제껏 생각도 못해본 불가능한 무언가로 이어질지 질문해봐야겠소.[14]

신화학에서 타자라는 경이로운 존재는 불가사의한 신비에 싸인 우리에게 신들이 던지는 암시를 전달해준다. 이 신비함을 보통 신God이라고 부르며, 우리는 우주의 신성한 에너지를 구현하는 타자와의 만남을 통해 신의 존재를 느낀다. "너 자신을 알라Know Thyself"라는 그리스 격언은 누구나 들어봤을 것이다. 그러나 그리스 델포이의 아폴로 신전에는 "너 자신을 알라" 말고도 또 하나의 격언이 장식되어 있다는 사실을 아는 사람은 많지 않을 것이다. "신이시여!Thou Art!"**

---

* "파란 꽃Heinrich von Ofterdingen"은 이상화된 중세를 배경으로 전설의 기사 오프터딩엔의 신비로운 모험을 그린 작품으로, 낭만주의 문학을 대표한다 - 옮긴이.

** Thou Art는 직역하면 'You are…(당신은……)'으로, 완결된 문장이 아니다.《플루타르크영웅전》의 저자 플루타르코스Plutarchos에 따르면, 아폴로 신전에서 "Know Thyself"는 신전에 들어서는 이에게 신이 던지는 말이며,

사상가 마르틴 부버Martin Buber가 명료하게 표현했듯이,[15] 상대를 '너(신)Thou'로 경험하는 일은 연애관계에서 궁극적 과제다. 우리의 투사를 의식 수준으로 끌어올리는 고단하고 지루한 작업을 통해, 타자와의 만남에 따라오는 변증법적 성장을 통해, 그리고 우주 속 신의 존재를 알아차리는 일을 통해 우리는 관계를 퇴행적으로 이용할 필요 없이 관계로 인해 성장한다.

어떤 순간이든, 어떤 관계에서든 반대되는 것들에서 비롯되는 긴장이 존재한다. 영적 교감이 있는 곳에는 분리separateness도 존재한다. 체코 출신의 시인 라이너 마리아 릴케Reiner Maria Rilke의 다음 표현은 애정관계가 갖는 이 역설을 가장 잘 정리한 어구 중 하나다. "내 생각에 두 사람 간의 결속에서 최상의 과제는 서로의 고독을 호위해 줘야 한다는 것이다."[16] 우리는 언제나 고독하다. 군중 속에 있을 때도, 애정관계 속에서도 마찬가지다. 어떤 관계든 간에 우리가 줄 수 있는 가장 큰 선물은 고독한 하나의 존재로서 있는 그대로의 우리 자신이다. 마찬가지로 상대에게서 우리가 받을 수 있는 가장 큰 선물 역시 있는 그대

여기에 신전 방문자가 대답하는 말이 "Thou Art"다. 이 문장의 뜻은 사실 정확하게 밝혀지지 않았으나, 이 책에서 저자는 이를 신을 부를 때 하는 말의 의미로 썼기 때문에 그에 맞춰 "신이시여!"로 옮겼다-옮긴이.

로의 타자다. 우리의 개성화를 대체할 수는 없으나 여전히 소중한 나눔이다.

연애관계를 이렇게 이해하고 나면 끝없는 경계가 필요하다. 자칫하면 자신의 문제를 상대에게 강요하거나 퇴행을 겪기 십상이기 때문이다. 그러나 결국은 어쩌다 보니, 무의식중에, 또는 의도하지 않았는데도 그런 상태에 빠진다. 연애관계에서의 윤리적 과제가 바로 이 지점에 있다. 우리는 자신에게 이렇게 말한다. "내가 타자에게 투사를 하거나 숨겨진 의도를 강요하는 따위의 짓은 집어치워야 해. 그보다는 더 좋은 것을 줘야지." 서로를 잇는 대화를 통해, 섹슈얼리티를 통해, 서로의 열망을 한데 모으는 일을 통해, 그리고 '각자의 길을 함께 가는' 여정을 통해 이뤄지는 성장 속에서 우리는 언제나 수수께끼 같은 영혼의 진화를 경험한다.

여기서 '영혼'이란 우리에게서 무언가를 바라는, 그리고 우리에게 숨어 있는 잠재력을 발휘하도록 우리를 밀고 나가는 에너지라고 정의할 수 있다. 그 기원이 무엇이며 목표가 무엇인지는 수수께끼지만 직관적이고 본능적으로 통찰이 필요한 순간에 그 모습을 드러낸다. 애정관계는 신성하다. 영혼이 자라나는 영역이기 때문이다. 전일성wholeness*을 이루기 위한 우리의 탐색은 성격상 원형적이다. 혼란스러운 경험에서 의미를 발견하기 위해 우

리 내면 가장 깊은 곳에 프로그래밍되어 자리잡았다는 뜻
이다.

서구문화를 지배하는 낭만적 사랑의 유혹이 우리를
사로잡는 이유는 투사와 그 목표를 심하게 혼동하기 때문
이다. 우리는 사랑 그 자체와 사랑에 빠지며, 그로 인해
영혼이 성장할 기회를 잃어버린다. 단테가 언급한 것처럼
추구하던 대상이 식상해지는 것이야말로 최악의 지옥이
다. 모든 중독 증상이 그렇듯 우리는 타자 안에서 죽기를,
타자에 삼켜지기를 갈망하다가 욕망하는 대상을 붙잡는
대신 도리어 그 대상에게 포로로 붙잡힌다.

우리는 모두이면서 따로따로인 여행자다. 우리가 해
안으로 가는 비행기 안에서 서로의 옆 좌석에 앉게 된 것
은 운명이다. 우리는 고독하지만 상대에게 더 나은 여정
을 만들어줄 수 있으며, 상대 역시 우리에게 더 나은 여정
을 만들어줄 수 있다. 우리는 탈 때도 따로 내릴 때도 따
로이며, 각자에게 주어진 목표를 향할 때도 따로다. 우리
는 서로를 이용하지 않고서도 서로에게서 도움을 얻을 수
있다. 우리는 필연적으로 상대에게 투사한다. 나쁜 것만
은 아니다. 여정을 풍성하게 해주기 때문이다. 그러나 투
사에 집착하다가는 우리 각자가 수행해야 하는 과제에서

---

* 정신의 온전한 본래 모습, 또는 이를 완성한 모습을 가리킨다 – 옮긴이.

벗어나고 만다.

우리 각자는 일시적 체류자로서 이 여정을 거치는 동안 출발부터 수많은 죽음을 겪고, 타자의 상실과 고통을 통한 성장을 수없이 경험한다. 괴테는 이렇게 노래했다.

죽음과 환생이라는 영원한 법칙을
깨닫지 못하는 한
그대는 어두운 지구 위를
헛되이 스쳐가는 나그네에 불과하리.[17]

우리는 전일성이라는 과제를 달성해야 하는데, 우리의 연약하고 유한한 본성으로는 불가능한 일이다. 우리는 자연이 우리를 통해 추구하는 영혼의 광대함과 존재의 완성이라는 과제 중 일부분만 이룰 수 있을 것이다. 전일성을 획득하려면 두 사람, 온전한 두 개의 소우주에게 과연 서로가 필요할까? 초월을 향한 욕구는 그 정도로 강력하게 진화할 일은 없을 테니 우리가 걱정할 필요는 없어 보인다. 타자에게 바라는 무언가가 있다고 해서 우리가 약하거나 실패했다는 의미도 아니다. 그러나 욕구가 지배하는 관계 역시 그 욕구로 인한 부담이 생긴다는 점을 고려해보면, 우리가 자신을 어린아이처럼 그리고 상대를 부모처럼 취급함으로써 상대를 있는 그대로의 타자로 사랑하는 데 실패할지도 모른다는 점을 생각해보면, 우리는 욕구를 느끼는 상태를 직면하여 이를 의식으로 대체해야 한다는 사실을 깨닫게 된다. 그런 이유로 릴케는 이런 시구를 남겼다. "내 영혼이 그대의 영혼에 닿지 않게 하려면 / 어떻게 해야 할까요?"[18] 우리가 완전히 자급자족할 수 있는 정도까지 진화한다면 어떻게 할지는 걱정할 필요가 없다. 그렇게 된다 해도 타자가 지닌 다름은 여전히 우리의 성장과 의식의 고양을 촉진해줄 것이다.

우리의 육체와 마음, 그리고 영혼은 대화, 성性, 일을 통해 서로 교감한다. 우리가 다른 사람과 무언가를 공유하는 이유는 우정이 삶이라는 긴 여행에 좋은 것이기 때문이다. 그러나 우리가 자신의 여정이 주는 무게를 견딜 수 있는 이유는 영혼이 갈망하는 것이 우리에게 그만큼 중요하기 때문이다. 타자가 우리에게 주는 무심한 사랑은 우리에게 활력을 준다. 우리에게 경이감을 되살리며 여행 준비 태세를 갖추게 할 뿐만 아니라, 영원이라는 것을 잠깐이나마 포착하게 해준다.

셰익스피어의 소네트 작품들을 한번 생각해보자. 작품들 모두를 관통하는 중심 사상은 유한할 수밖에 없는 인간의 운명 앞에서 육신은 죽어 사라질지라도 자신의 시 덕분에 사랑은 영원해진다는 것이다. 내가 아끼는 연애시 중에는 아치볼드 매클리시Archibald Macleish의 〈대리석도 빛나는 기념비도Not Marble Nor The Gilded Monuments〉[19]가 있는데, 셰익스피어의 소네트 중 가장 유명한 작품 중 하나에 대한 답시다.

> 당당하고 아름다운 시로 여인을 찬미했던 이들
> 무덤 속 입에, 머리카락에, 눈에 이름을 붙이고
> 사랑했던 여인들이 영원히 기억되리라 자랑했지만
> 다 거짓이었네……

매클리시는 불멸의 약속을 노래한 아름다운 시들을 '거짓'이라 부른다. 시인에게, 시의 대상에게, 그리고 시를 읽는 사람에게 불멸을 약속했지만, 그 모두가 이제는 무덤에서 썩고 있기 때문이다.

> (세상을 떠난 소녀지만 그림자 같은 유령
> 또는 죽은 자의 목소리지만 머나먼 헛된 긍정의 대답
> 　　마치 꿈속의 말들처럼)

그는 투사가 빚어낸 실망의 심연, 사라져가는 타자를 포기하는 일, 그리고 사랑에서 비롯된 가장 깊숙한 상

처인 상실에 관해 증언한다.

> 그러니 나는 여인이 가진 불멸의 영광 따위는 노
> 래하지 않으리라
> 그저 젊고 정숙했으며 하얀 피부를 가졌다고만 말
> 하리라
> 그대가 햇빛을 받으며 문가에 서 있을 때 나뭇잎
> 　　　그림자가 어깨에 드리우고
> 머리에는 나뭇잎 하나가 떨어져 있었네.

시인은 유한한 인간의 불멸에 관해 불멸의 작품을
써야 한다는 부담을 거부하지만, 절호의 근원적 순간으로
서 덧없는 긍정의 존재는 인정한다. 그 사람이 살아 있었
다는 사실을 인간이 알 수 있는 유일한 방법이기 때문이
다. 그렇다면 나뭇잎보다, 빛나는 태양보다, 그리고 사랑
하는 사람보다 더 덧없는 것은 과연 무엇일까?

> 나는 죽어버린 여인의 아름다움 따위는 노래하지
> 않으리라
> 그저 그대 머리카락에 떨어져 있던 나뭇잎의 모양
> 만 노래하리라
> 세상이 끝나고 눈알이 얼굴에서 떨어지고 턱이 부

서질 때까지

봐! 저기 있군!

이는 존재론적 순간이다. 매클리시는 살아 있었고
시에 등장하는 여인을 사랑했으나, 이제는 의미가 없다.
둘 다 세상을 떠났기 때문이다. 그러나 그들은 분명 존재
했으며, 그걸로 충분하다.

그래서 큐피드는 여전히 늘어진 기저귀를 찬 채 활
과 화살을 들고 다닌다. 화살은 상처를 입히나 그 상처는
의식을 재촉한다. 타자를 사랑하는 일은 그 상처를 느끼
고 그 사람에게 일어난 일에 관심을 기울인다는 뜻이다.
연민compassion, 공감empathy, 동정sympathy 등의 영어 단어
는 대부분 그 어원이 passo와 pathos다. 라틴어와 그리스
어로 '고통받는 일'이라는 뜻이다. 그러므로 타자에게 자
신을 여는 일은 자신이 기꺼이 고통받는 경험을 감수하겠
다는 의지이기도 하다. 고통받으려 하지 않는 사람은 괴
테가 노래한 대로 "지구를 헛되이 스쳐가는 나그네"일 뿐
이다. 여기 이 세상에 진실로 존재한다는 것은 세상의 무
거움을 경험한다는 의미다.

자신의 여정으로부터 도피하기 위해 연애관계를 이
용한다면 관계를 그르치는 동시에 우리 자신의 소명calling
조차 망치고 만다. 상대를 타자 그 자체로 아끼는 일은 즐

거움뿐만 아니라 고통조차도 감수하겠다는 의미다. 기쁨과 고통, 두 감정 모두 변화할 수 있다. 붙잡거나 구체화할 수는 없을지 몰라도 둘 다 우리의 영혼을 넓혀준다. 존 키츠John Keats는 이렇게 노래했다.

기쁨, 작별을 고하느라
항상 손을 입에 대고 있는, 고통스러운 쾌락 가까이에,
벌이 꿀을 빠는 동안 독으로 변해버리는,
아, 환희의 신전에는
베일을 쓴 우울의 신성한 제단이 있나니,
꿈틀대는 혀로 기쁨의 포도를 입안에서 터뜨릴 수 있는 이 말고는
누구의 눈에도 띄지 않는다고 해도.[20]

욕구를 따라서가 아니라 상대를 타자 그 자체로 아낌으로써 관계가 움직인다면, 그때는 상대를 진실로 자유롭게 경험할 수 있다. 자신의 투사를 걷어치우고 '잃어버린 낙원으로 돌아가겠다'는 계획을 포기하고 나면 자유롭게 사랑할 수 있다. 자유롭게 사랑할 수 있을 때 타자라는 모습의 신비에 접할 수 있다. 이 신비가 없으면 우리는 사소한 것들 속에 갇혀 사는 아동기의 노예로 전락한다. 윌

리엄 블레이크William Blake는 한 알의 모래에서 영겁을 볼 수 있다고 노래했다. 보잘것없고 유한한 존재인 우리는 사랑하는 사람 속에서, 사랑하는 사람을 통해서 영원을 바라볼 수 있다. 역설적이지만 이 특별한 타자는 우리를 향해 다가오는 성스러운 대상이다. 우리가 자신의 자기애적 목적을 위해 타자를 이용하는 게 아니라 그 사람이 완전한 타자로 머무름으로써 우리 마음 깊은 곳에 있는 목적을 달성하도록 도와주기 때문이다.

사랑은 영혼의 작용과 밀접하게 얽혀 있다. 타자가 존재하는 것은 우리 영혼을 돌봐주기 위해서가 아니라 넓히기 위해서다. 영혼이 넓어진 이에게 타자란 무엇과도 비할 수 없는 소중한 선물이다. 자아의식은 지식과 고통의 해소를 추구하는데, 이는 충분히 이해할 만하다. 애정 관계를 통해 상징적 삶을 영위할 때 우리는 약간의 지식과 이해를 획득하고, 심한 고통을 겪으며, 그와 더불어 사랑하는 능력이 더 깊어진다. 현실에서 사랑하는 능력이 깊어진다는 것은 타자라는 신비를 푸는 능력이 향상됨을 뜻한다. 이는 아가페*로 옮겨가는 것이다. 릴케의 시 〈연가Love Song〉 뒷부분이 이를 절묘하게 묘사한다.

---

* 신이 인간에게 갖는 사랑. 또는 인간이 자기를 희생함으로써 실현되는 신과 이웃에 대한 사랑 – 옮긴이.

당신과 나, 우리에게 닿는 모든 것은,
바이올린의 활처럼 우리를 묶어
두 줄의 현에서 하나의 음을 만듭니다.
우리는 어떤 악기로 얽혀 있으며
어떤 음악가의 손에 들려 있는 것일까요.
오, 달콤한 노래여.[21]

우리가 세상에 존재하는 이유는 이 노래처럼 살기 위해서다. 우리를 연주하는 음악가의 정체는 수수께끼로 남아 있다. 우리는 지식보다 더 깊은 표현 형식과 갈망에 따라 연주된다. '잃어버린 에덴동산으로 돌아가려는' 계획을 버려야 비로소 타자와의 만남이라는 신비의 문이 열리고, 우리를 붙들고 연주하는 위대한 음악가가 대체 누구인지 암시를 얻을 수 있으며, 관계에 자유를 줌으로써 그로부터 우리가 원하는 가장 숭고한 목표를 달성할 수 있다. 이 가장 숭고한 목표란 타자의 '다름'이라는 신비를 밝혀 개성화로 향하는 우리의 여정을 더 풍요롭게 하는 것이다.

3장

커플

만남과 헤어짐

그 누구도 상대에게
"무슨 생각 해?"라고 물으면 안 된다

과거, 그리고 그 안에 사는 사람에 관해
또는 현재의 기묘한 외로움에 관해,

듣고 싶지 않은 사람이라면,
그 누구도.

_스티븐 던, 〈사랑을 나눈 뒤〉

옳고 그름에 관한 생각들 너머에
들판이 하나 있다오. 거기서 만납시다.

영혼이 그 풀밭 위에 누워 있을 때,
세상은 이야기하기에 너무 충만하다오.

생각, 언어, 서로에 관한 몇 마디 말조차

아무 의미가 없다오.

_루미, 〈공공연한 비밀〉

모든 애정관계는 투사로 시작되기 때문에 관계가 진행되면서 투사는 점차 지워지고, 그 자리에 놀람·혼란·실망 그리고 때로는 분노가 따라오면서 이런저런 문제가 생긴다.

여기서 독자는 이렇게 생각할지도 모르겠다. '작가가 참 부정적이네. 뭐가 항상 문제래. 그래서 말인데 로맨스가 뭐가 어떻다는 거야?' 하지만 이 책의 주제는 관계의 현실과 그 심리적 역동, 그리고 후자를 작동시키기 위한 의식 수준의 노력이라는 걸 기억해주시면 좋겠다. 로맨스는 분명 우리를 혹하게 만든다. 하지만 결국 투사를 할 때 우리가 기대하는 내용, 잃어버린 낙원을 되찾겠다는 목표에는 미치지 못하게 마련이다.

앞 장에서 소개한 시인 노발리스가 사랑하는 사람에게 보낸 가슴 저미는 글귀("그대는 테제이자 고요하고 창백하며 유한하고 완결된 사람이오")를 떠올려보자. 여기에는 우리에게 유용한 이야기가 숨어 있다. 노발리스(폰 하르덴베르크)는 20대 초반에 열두 살 먹은 조피 폰 퀸

Sophie von Kuehn이라는 우둔한 소녀와 대책 없는 사랑에 빠졌다. 조피는 소모병wasting disease*으로 몇 차례 수술을 받은 끝에 15세 생일 이틀 뒤에 세상을 떠났다. 소설가 퍼넬러피 피츠제럴드Penelope Fitzgerald는 이들의 대화를 이렇게 재구성했다. 노발리스가 조피에게 "시를 어떻게 생각하는지 들려주오"라고 묻자 그녀가 대답했다. "저는 시 같은 건 전혀 생각하지 않아요."[1]

분명 이런 관계에서는 투사에 의존할 수밖에 없다. 노발리스는 자신과 조피 사이에(적어도 그 자신에게) 은밀하게 존재하던 역동의 모습을 시 한 편에서 넌지시 묘사한다.

> 그녀에게서 영원히 멀어져야 할까?
> 우리 것이라고 생각했지만
> 온전히 소유할 수 없는 것과
> 하나가 되겠다는 희망
> 이것 또한 중독이라고 해야 할까?[2]

물론 여기에서는 타자를 자신의 일부라고 생각하

---

* 극도의 영양 부족으로 몸이 허약해지고 전염병에 대한 저항력이 약해지는 증상을 보인다 – 옮긴이.

면서도 그런 느낌을 감지하지 못하는 비현실성을 드러낸다. 노발리스는 사랑에 취해서 그녀에게 약혼반지를 건네는데, 반지에는 이런 말이 새겨져 있다. Sophie sei mein schütz Geist("조피, 나의 수호령이 되어줘"). 단테와 마찬가지로 노발리스도 사랑하는 사람에게 몰입한 나머지 그녀가 타자라는 사실을 깨닫지 못했다. 자신이 사랑에 빠진 대상이 실은 '사랑에 빠진 나 자신', 다시 말해 자신의 잃어버린 일부분이자 내면의 이미지(자신의 아니마)일 뿐 투사를 제외하면 자신과 그녀 사이에는 공통점이 없다는 사실 또한 깨닫지 못했다.

노발리스와 조피의 관계는 희극적이지만, 그 안에 숨은 역동은 모든 애정관계의 시작과 마찬가지다. 따라서 뻔하디뻔한 후회가 따른다. "대체 나는 그 사람에게서 무엇을 본 것일까?"

투사가 걷히면서 두 사람 모두 권력의 문제에 부딪힐 수 있다. 실제로 권력 그 자체는 문제가 아니다. 권력은 근본적으로 에너지의 교환 또는 표현일 뿐이기 때문이다. 그 힘을 콤플렉스가 뺏어갈 때, 또는 힘을 사용하는 대가로 타자를 희생해야 할 때 문제가 된다. 권력의 문제를 일으키는 은밀한 역동은 언제나 공포라는 사실을 기억하자. 우리는 자신의 공포가 어디에 있으며 그 역할이 무엇인지 선뜻 나서서 깨달으려 하지 않으며, 공포는 어디에나 있음을 인정하고 자기방어 없이 이를 경험하려 하지도 않기 때문에 공포를 자연스럽게 무의식 속에 숨겨두는 쪽을 택한다. 따라서 우리의 감수성을 뒤덮고도 모자라 타자에게까지 전가되는 에너지의 흐름은 공포에 기반하지만, 정작 그 공포는 수많은 방식으로 교묘하게 치환되어 숨어 있는 상태다.

버림받는다는 공포, 억눌린다는 공포, 그리고 무의미할지 모른다는 공포. 이러한 공포는 모두 존재론적이며 보편적이다. 이런 공포를 섣불리 판단해선 안 된다. 공포들에게는 (말하자면) 자신의 영역이 있기 때문이다. 하지만 그 공포를 막으려는 우리의 정교한 자기방어 시스템, 그리고 우리의 실제 성격을 구성하는 촘촘한 반사신경은 늘 다른 사람의 온전함에 기대어 작동한다. 우리 자신의 모습대로, 불가피하게 기벽과 취약점까지 다 포함한 자신의 모습 그대로 행동하는 것만으로도 우리는 타자에게 해가 된다. 이를 피할 수는 없다. 우리의 진정한 모습이 무엇인지, 우리가 무엇을 두려워하는지, 그리고 우리가 애정관계에서 사용하는 전략이 우리 내면에 얼마나 깊게 뿌리박혀 있는지 알지 못하기 때문에 더더욱 그렇다.

공포를 다스리는 법

우리 삶에서 공포의 역할이 무엇인지, 우리가 공포를 다스리기 위해 어떤 전략을 쓰는지에 관해 심리학자 캐런 호니Karen Horney, 프리츠 리만Fritz Riemann, 그리고 신학자 프리츠 쿤켈Fritz Kunkel 세 이론가가 귀중한 아이디어를 내놓았다.[3] 먼저 호니는 공포를 다스리는 세 가지 기본적인 방법을 제안한다. 공포는 의식적이든 아니든 모든 경우에 타자에게 투사된다. 그리고 앞에서 보았듯이 공포는 의심할 여지 없이 자신의 부모-자식 관계에서 느낀 무력감이 남긴 유산이다.

첫 번째 접근법은 진화한 형태의 복종으로, 자신의 힘이 약함을 묵묵히 인정하고 타자를 상대하는 방식이다. 우리가 어떤 선택을 내리든 대부분은 무의식적이므로 우리는 이를 충분히 정당화하고도 남는다. 복종 전략은 타자를 아끼는 마음과 친화성으로 정당화되며, 이것이 심각한 상호의존에 이르게 되면 정당한 자기 이익까지 없애버리는 결과를 낳는다.

공포를 다스리는 두 번째 접근법은 타인과의 상호작용에 처음부터 까칠한 모습이나 적대감을 보이는 것이다. 이러한 대처방식은 어렸을 때 겪은 상처에서 파생되며, 타인은 자기 이익만을 취하려 한다고 믿음으로써 정당화된다. 자연이 우리에게 제공하는 선택지가 '투쟁 또는 도피fight or flight'라는 점을 고려할 때 이 방법은 타자에 대한 우월성을 확보하려는 전략이며, 그 정도는 우리가 타자에게 느끼는 공포와 비례한다. 상대를 통제하거나 학대하는 사람은 실은 자신이 상대에게 공포를 느끼고 있음을 내비치는 것이다. 그러나 이런 사람에게 자신이 실제로 두려워하는 대상을 직면하게 하는 일은 대단히 어렵다.

한 연구에 따르면 남성 중 16퍼센트가 반려자를 심하게 학대한다고 한다. 경찰을 대상으로 조사했을 때는 그 비율이 40퍼센트까지 올라갔다. 경찰은 남성중심적이며 무력 사용을 위한 복장을 갖춰야 하는 등의 이유로 심리적으로 불안한 사람에게 특히 매력적인 직업이기 때문일 것이다. 다른 연구에서는 학대를 저지르는 사람에게 심리치료를 실시했더니, 치료 대상자들이 불안감을 느낀 나머지 공포로부터 자신을 보호하기 위해 오히려 더 폭력적이 되는 역효과를 일으킨 것으로 나타났다. 불량배들 역시 자신이 두려워하는 대상과 맞닥뜨리는 걸 겁낸다. 자신의 행동을 부끄러워하는 사람만 심리치료에서 긍정적 예후를 보였다. 일반적으로 학대를 저지르는 사람은 자발적으로 심리치료를 시작하지 않는다. 자신의 문제를 직면해야 하기 때문이다. 치료 과정에서 꼭 필요한 부분에 선뜻 나서지 않는 사람은 심리치료 예후가 절대 좋을 리 없다.

반려자를 통제하는 사람의 경우 고쳐질 확률이 가장 낮은데, 타자가 주는 공포에 대한 자기방어가 가장 크기 때문이다. 수동공격성passive-aggression은 그 자체로 연구의 영역인데, 이런 성향을 가진 사람은 타자가 가진 권력에 공포를 느끼기 때문에 타자가 권력을 행사하지 않도록 은밀하게 행동해야 한다. 수동공격적 성격은 우물쭈물하는 사람에게서 흔히 보인다. 어떤 일을 하거나 책임을 지겠다는 의지만 보일 뿐 절대 실천하지 않거나, 누군가 자기 말에 반박하면 중간에 말을 끊으며 왜 그렇게 예민하게 구느냐고 되묻는다. "농담도 못해?"

타자가 주는 공포에 대한 세 번째 방어전략은 회피나 고립, 또는 물리적으로 존재해도 감정적으로 숨기는 것이다. 이 전략은 널리 퍼져 있는데, 본인은 내향적이며 티를 안 내는 성격이라거나 지금은 다른 데 집중하고 있다는 식으로 정당화할 수 있어서 공공연하게 깨닫지는 못하는 경우가 있다. 타자에게 마음을 열고 나누려 하지 않는다거나 감정을 솔직하게 드러내지 않으려 한다거나 친밀감을 거부하는 일은 일반적인 회피의 형태이며, 이런 유형은 지나치게 직접적인 관계를 맺으면 자신이 약해질지 모른다는 두려움이 바탕에 깔려 있다. 회피 성향을 가진 사람은 자신이 성인으로서 지금껏 일궈낸 자원을 무시한 채 무력한 어린아이 수준에 머물러 있는 것이다.

호니는 공포에 대처하는 이 같은 전략을 각각 복종 submissiveness, 권력power, 거리두기distancing라고 칭하며, 흥미롭게도 사랑 역시 공포에 대처하는 방식 중 하나라고 본다. 심층심리학자와 신학자들이 종종 이야기하듯 사랑의 반대는 증오가 아니라 공포다. 타자를 긍정하는 능력을 갖추려면 영혼을 넓혀 우리가 원래 가지고 있는 공포감에 맞서 일어설 수 있어야 한다. 우리를 다치게 할 힘이 있음에도 타자를 사랑할 수 있으려면, 예측할 수 없는 위험에 처하지 않기 위해 상당한 크기의 영혼과 더불어 넓은 자기감이 필요하다. 아리스토텔레스가 말한 '도량이 넓은magnanimous' 사람이 바로 이를 가리킨다. 도량이 넓은 사람이란 자기감이 충분하여 타자를 있는 그대로 받아들일 뿐만 아니라 타자에게 어떤 권력이 있다 해도, 또는 어떤 상처를 줄 능력이 있다 해도 마음을 열 수 있는 사람을 말한다. 이와 같은 영혼의 충만함을 감내할 수 있기 전에는 사랑할 능력이 있다고 말할 수 없다.

프리츠 리만 역시 성격 내면에 자리잡은 채 애정관계를 따라다니는 공포의 토대를 밝혀냈다. 리만에 따르면 우리에게는 네 가지 근원적 공포가 있다.

첫째, 내 곁에 누군가가 있다는 공포 때문에 타인과 거리를 둔다. 극단적인 형태로는 타자에게서 떨어져나오려 하는 조현병 환자가 있다.

둘째, 떨어져 있다는 공포 때문에 존재론적 우울감이 생긴다. 타자의 부재, 버림받았다는 두려움 때문에 우울증이 발생하는 것이다. 이런 공포는 내면 깊은 곳에서 움직이기 때문에 진단되지 않을 수도 있다.

셋째, 변화에 대한 공포 때문에 강박신경증이 생긴다. 이들은 타인을 통제하거나, 타인이 아니더라도 자신의 신체 이미지나 집 안 청결도에 유독 신경을 쓰거나, 중요한 일이든 자질구레한 일이든 간에 반드시 끝내는 데 집착하는 등 자신이 통제한다는 착각을 안겨주는 상황을 끊임없이 찾는다.

끝으로 영속성, 곧 타자가 자신과 지나치게 가까운 것에 대한 공포(삼켜질 거라는 공포) 때문에 (리만에 따르면) 히스테리가 생긴다. 이런 측면에서 히스테리는 관계를 끊고 자신의 공포를 신체로 옮겨 무덤덤하거나 부적절한 정서적 상태를 유지하거나, 아니면 마음을 아예 '다른 곳에 두는' 능력을 말한다. 아예 그 자리에 없다면 상처받을 일도 없지 않겠는가.

다시 말하지만 이들 공포는 근원적이어서 사람마다 다른 고유성이 있을 뿐만 아니라 개인이 살면서 겪은 부침에서 에너지를 얻는다. 아이는 다른 아이와의 관계에서 겪는 경험을 통해 자기가 받는 상처, 그리고 타자와의 상호작용에 대처하는 보상전략을 만든다. 앞에서 살펴본 대로 생각과 행동은 대체로 무의식적임에도 불구하고 우리는 전략적으로 취하는 태도와 행동에 자신을 동일시하는 경향이 있다. 성인이 하는 행동을 어린 시절 상처와 반사반응 때문이라고 보는 것이 환원주의적 견해*로 여겨질지도 모르지만, 심리치료사라면 모든 내담자에게 자기와 타자에 관해 어떤 식이든 중심이 되는 생각이 있으며 이에 따라 개인의 특정한 대처전략이 결정된다고 말할 것이다. 대체로 무의식적으로 사용하는 이 대처전략들은 우리에게 어떤 일이 반복적으로 벌어질 때, 또는 우리가 자신에게 해가 되는 선택을 하거나 연애관계에 스스로 해를 끼칠 때 그 주요한 원인이 된다.

우리 자신이 지금까지 살아온 이력의 산물이 아니라고 보기는 대단히 어렵다. 그러나 우리 내면에는 더 거대한 무언가를 갈망하는 에너지가 있다. 그리고 어떤 시점에 도달하면 우리는 모두 이렇게 말해야 할 것이다. "내가 겪은 일만 나를 만드는 게 아니다. 내가 선택한 것도 나를 만든다." 그러나 성인이 되어 심리치료를 시작할 때는 이런 반사전략이 이미 우리 내면 깊이 자리잡고 있을뿐더러

---

* 복잡하고 높은 단계의 사상이나 개념을 하위 단계 요소로 세분화하여 명확하게 정의할 수 있다는 견해 – 옮긴이.

근원적 공포로부터 자신을 보호한다고 인식되어 '난 원래 그래' '난 늘 그랬어' 같은 식으로 정당화된다. 자신의 심리적 이력과 의식적으로 관계를 맺는 일이 힘들다면 타자 (타자 자체든 자신의 영혼 속 일부이든)와 관계를 맺는 일은 얼마나 어렵겠는가.

신학자 프리츠 쿤켈은 권력의 문제를 네 가지 기본 유형으로 분류한다.

첫째는 '스타'형 인간이다. 타인의 칭찬을 갈망하고 요청하며 자신이 내면으로 느끼지 못하는 것을 외부에서 인정받으려 한다.

둘째는 '넝쿨'형 인간이다. 의존적이고 스스로 책임 지기를 체념한 상태이며, 타자의 의지에 동일시함으로써 인정받으려 한다.

셋째는 '거북이'형 인간이다. 보호와 안전을 최우선으로 삼는다. 돈 때문에 결혼하고, 타자를 사회적 지위와 동일시하며, 직접 선택을 내려야 할 상황을 피하려고 저항이 가장 적은 방식을 선택한다.

마지막은 '네로'형 인간이다. 폭군 네로처럼 대놓고 권력을 추구하며, 자신이 충분하지 못하다고 느낄수록 이런 성향을 강하게 드러낸다. 페르소나persona와의 동일시가 가장 심하며 그럴듯한 직함이나 임원 화장실 열쇠, 매끈한 신차 따위에 연연하는 유형이다. 그런 식으로 권력을 과시해야 자신의 가치가 올라간다고 생각하기 때문이다.

이들 각 유형은 우리 내면에도 있을 수 있는 경향이자 권력의 문제로, 발달 과정에도 결부된다. 있는 그대로의 우리 자신이 되어야 하는 과제를 수행하지 못하게 가로막는 장애물이다. 이 유형들은 항상 공포를 따라 움직이며, 잘못된 자기감에서 생겨나고 강화된다. 우리의 성장이 가로막히는 곳이 어디인지를 가리키기도 한다.

쿤켈은 이런 교착 상태가 자기중심성egocentricity에서 파생했다고 본다. 융 심리학 분석가인 존 샌퍼드John Sanford는 성장 능력에 관한 쿤켈의 패러다임을 이렇게 요약한다.

> 우리의 자기중심성을 바꿀 수 있는 기본 경험 세 가지가 있다. 고통을 겪는 일, 삶에서 자신의 의지보다 더 큰 힘이 작용하고 있음을 깨닫는 일, 그리고 자신과 다른 누군가를 아끼고 사랑하는 일이다.[4]

쿤켈에 따르면 '자기중심성'이란 '상처에 동일시된 상태'라는 뜻이다. 다시 말해 상처의 수준에 묶여 있다는 것이다. 첫째로, 역설적이지만 우리는 고통을 겪으며 성장한다. 고통을 겪으면 의식이 활발해지며, 고통을 누그러뜨리려면 인격이 넓어져야 하기 때문이다. 둘째로, 타자와 극적인 형태로 만나도 자아의 속박에서 풀려날 수 있다. 이는 신비론자에게 따라오는 경험이며 메타노이아 metanoia,* 곧 변화를 만드는 경험이다. '12단계 프로그램 Twelve Step programs'**의 핵심 원리이기도 하다. 다시 말해 '더 큰 힘을 영접하는' 것이다.

한 내담자가 자신은 예전에는 종교를 믿지 않았기에 '더 큰 힘'이라는 말을 이해하지 못했다고 말한 적이 있다. 그러나 AA모임Alcoholics Anonymous***에 나간 다음 날, 자신의 삶에서 '더 큰 힘'은 술병 모양을 하고 있었다는 사실을 깨달았다. 내담자는 그것이 '더 큰 힘'이라고 하기엔 너무 작은 게 아닌가 생각했으며, 그 덕분에 지금까지 자신이 지녔던 '더 큰 힘' 대신 새로운 '더 큰 힘'을 이해하게 되었다.

마지막으로, 쿤켈은 사랑이 그 성격상 변화의 힘을 갖고 있으며 타자를 진심으로 돌보면 자아에 묶여 있던 의식이 해방될 수 있다는 사실에 동의한다. 다른 사람의

---

* 회개, 영적 대화 등을 통한 마음의 변화를 가리키는 종교적 용어 – 옮긴이.
** 각종 중독, 강박증 등에서 벗어나는 것을 목표로 삼는 상호구조 단체 – 옮긴이.
*** 알코올 의존에서 벗어나려는 사람들의 국제적 상호협조 활동 모임 – 옮긴이.

안녕을 위해 자신을 희생하는 일이 여기서 말하는 변화다. 예를 들어 부모는 자식을 위해 자기를 희생함으로써 더욱 포용력 있는 삶을 살게 된다. 우리를 과거에 묶어놓아 성장을 막는 여러 가지 공포의 힘은 사실 매우 강력하다. 소시오패스는 성격 전체가 공포에 대한 방어기제로 형성되어 있기 때문에 누구를 사랑할 수도, 따라서 성장할 수도 없다.

사랑의 힘을 발견할 수 있는 가장 흔한 사례는 공포를 이겨낼 때다. 공포가 지배하는 곳에 사랑은 없다. 공포는 어디에나 있으므로 공포에서 사랑으로 옮겨가는 일은 만만찮은 도전이다. 자신의 공포를 마주하며, 애매함 및 양가감정과 더불어 살아갈 수 있는 사람만이 타자를 사랑할 힘을 얻는다.

앞에서 언급한 대로, 심리치료를 받으러 오는 커플은 이미 서로 상처를 엄청나게 입은 상태다. 서로를 덮고 있던 투사는 이미 닳아 없어졌다. 낙원으로 돌아가겠다는 계획이 표면으로 드러났지만, 두 사람은 몽상에서 깨어나 얻은 환멸과 분노가 뒤섞인 채 사랑의 가시에 찔려 피를 흘리고 있다. 두 사람 다 자신이 정당하고 옳다고 믿으며, 공정한 제삼자가 그 사실을 확인해줄 것이라고 확신한다. 서로를 공격할 때마다 치료사가 마치 권투 심판처럼 각자의 공격 횟수를 하나하나 세어가며 점수를 매겨 승자의 손을 들어줄 것으로 기대한다. 상대가 자기한테 해명해야 할 부분이 많다고 느끼면서 괴로움과 증오가 흘러넘친다. 두 사람 다 대체로 무의식에 지배되는 상태라서 상대를 책망하기보다 자신을 분석하도록 초점을 옮기기가 힘들다.

결국 우리는 연애관계의 기본 원리 몇 가지를 인식하고 그에 따라 책임을 질 수 있어야 한다. 그 안에 변화의 가능성이 숨어 있다. 한쪽은 이 과제를 받아들이나 다른 쪽은 여전히 막혀 있을 수도 있다. 이때는 과제를 받아들인 쪽이 독립성을 얻어 두 사람 사이의 암묵적 언약에서 벗어날 수 있으며, 이 수준을 넘어 아예 관계 그 자체에서 벗어나는 경우도 많다.

연애관계의 네 가지 원리

다음에 소개할 연애관계의 원리는 모두 이 책의 주제에 그 기반을 둔다. 이 책의 주제는 '자신과의 관계에서 성취하지 못하는 것을 타인과의 관계에서 얻을 수는 없다'는 것이다.

1. 내가 나 자신에 관해 알지 못하는 것(무의식의 계

획), 또는 내 내면에서 모습을 드러내지 않는 것
(그림자)은 타자에게 투사된다.

2. 나는 어렸을 때 겪은 상처(개인의 병리학), 유아
기의 갈망(낙원으로 돌아가겠다는 자기애적 동
기), 그리고 개성화를 이뤄야 한다는 책무를 타자
에게 투사한다.

3. 타자는 내 상처, 내가 가진 자기애, 내 개성화를
책임질 수 없으며 그래서도 안 된다. 투사의 자리
는 결국 후회와 권력의 문제로 채워질 뿐이다.

4. 망가지는 연애관계의 유일한 치료법은 나의 '낙
원으로 돌아가기' 프로젝트를 의식 수준으로 불러
내어 개성화 과정을 내가 스스로 책임지는 것이다.

이들 원리를 하나씩 자세히 알아보자.

1) 내가 나 자신에 관해 알지 못하는 것은 타자에게 투사된다

우리는 무의식 안에 있는 것을 의식하지 못한다. 융은 심
리학적 이론이란 모두 자신을 구성하는 내용물을 어디서
찾을 수 있는지 알려주는 진술서의 형태라고 말했다.[5] 연
애관계는 늘 심리치료사가 말하는 '전이'라는 현상으로
말미암아 방해를 받는데, 우리의 정신이 이와 유사한 방

식으로 기능하기 때문이다. 다시 말해 정신은 '이력으로 이루어진 현실historical reality'이라는 뜻이다. 우리의 개인 이력은 늘 우리 내면에 붙어 있으며, 우리는 이를 '렌즈처럼 사용하여' 현실을 읽는다. 정신은 사실 이런 질문을 던진다. "언제 어디서 이것과 똑같은 일을 겪었지? 과거에 이것과 같은 느낌이 드는 경험은 무엇이었지?" 그러므로 지금 이 순간을 있는 그대로 경험하는 일이 몹시 어려워진다. 이 순간마저도 과거의 프리즘을 통해 보기 때문이다.

친밀한 관계를 경험하면 이전에 겪었던 친밀한 타자의 경험, 특히 부모와의 원초적 관계가 되살아나는 것은 분명하다. 따라서 연약함, 욕구 불만, 처음 우연히 맺어진 다른 사람과의 관계에 대처하는 전략 등이 늘 존재하며, 과거의 경험이 언제나 현재에 정보를 제공하는 한편으로 현재를 방해하는 일도 흔하다. 사실 부모 콤플렉스는 사랑하는 타자의 이마고를 심하게 오염시킨다. 사랑하는 사람에게서 어머니나 아버지의 모습을 찾는다는 말이 아니다. 우리가 타자와의 친밀함을 경험하면 이전에 원초적 타자와 겪었던 비슷한 경험이 되살아나 그때 형성된 조건이 다시 펼쳐진다는 의미다.

마찬가지로 우리가 자신에 대해 인정하고 싶지 않은 부분(자기애, 이기심, 분노 등 그림자에 해당하는 모든 것)은 억압되어 타자에게 투사된다. 한 여성 내담자는 치료 세션 중 남편이 자신에게 감정을 거의 표현하지 않으며, 그 문제로 화를 내거나 슬퍼하거나 갈등하는 모습을 보이면 남편은 지나치게 감정적이라며 자신을 비난한다고 말했다. 그림자는 애정관계에서 이런 식으로 존재감을 드러낸다.

그림자는 "나와 항상 함께 가는 덩치 큰 곰" 또는 "정신적 동기motive가 보이는 우스꽝스러운 광대짓"[6]이라고 할 수 있으며, 언제나 우리 내면에 있으면서도 자기 존재가 발견되는 걸 극도로 꺼린다. 그림자는 자기 멋대로 행동하는 동시에 상대에게 보이는 자신의 이미지를 크게 손상시킬 수 있으므로 자아를 위협한다. 그러니 우리가 그림자에 저항하는 건 충분히 이해할 만하다. 그림자는 연애관계에서 (우리가 다루기 힘든) 상대에게 투사하는 여러 특징의 근원이 되며, 관계에서 오는 실망의 주요 원인이 되기도 한다. 게다가 커플이므로 그림자 역시 두 개다……

자신의 에너지로 꽉 찬 채 무의식을 의식으로 끌어올리는 일은 아무리 자발적이라고 해도 수행하기 몹시 힘든 과제다. 이를 위해서는 현재뿐만 아니라 지금까지 경험한 애정관계의 이력 전체에 걸쳐 나타나는 패턴을 분석해야 한다. 언제 어디서 에너지가 가장 많이 채워지는지,

곧 콤플렉스가 가장 흔하게 드러나는 상황을 살펴야 한다. 정서적 반응이 강렬하게 나타나며 합리화가 많이 이뤄지는 때가 콤플렉스가 작동하는 상황이다. 친밀한 관계에 있다는 것은 누군가에게 협력을 요청하는 것과도 비슷한 면이 있지만, 그건 어디까지나 우리 자신이 만들어둔 지뢰밭을 건너오고 나서의 일이다.

커플이 처음으로 심리치료사를 방문할 때가 말하자면 자신이 지뢰를 밟았다고 반려자를 탓하는 시점이라 할 수 있다. 게다가 우리에 관해(적어도 우리의 그림자에 관해) 우리 자신보다 더 잘 아는 사람은 바로 반려자다. 타자가 솔직하게 바라본 내용을 듣는 일은 위협이 될 수 있고 자신이 초라해지는 경험일 수도 있으며 폭로되는 내용에 불신감이 들 수도 있지만, 우리 자신을 이해하는 데 반려자가 기여하는 가치는 절대 과소평가할 수 없다.

2) 우리는 어렸을 때의 상처와 개성화를 이뤄야 한다는 의무를 타자에게 투사한다

인간은 사실 늘 불안하다. 17세기에 파스칼Blaise Pascal이 저서 《팡세Pensées》에서 언급한 것처럼 우리는 '연약한 갈대'일 뿐이지만, 동시에 '생각하는 갈대'이기 때문에 브란덴부르크 협주곡을 쓰고, 강제수용소를 만들며, 자신의 죽음에 관해 상상할 수 있다.

아무도 병리적 징후pathology를 피해갈 수 없다. 상처받지 않는 사람이란 없기 때문이다. 앞에서 언급한 대로 이 단어 속에 포함된 '비애감pathos'이라는 말의 어원은 그리스어로 '고통받다'라는 뜻이다. 따라서 '정신병리학 psychopathology'은 말 그대로 '영혼의 고통이 표현되는 방식'이라고 옮길 수 있다. 상처를 받았는지 아닌지의 문제가 아니라 상처가 얼마나 깊은가, 그리고 더 중요하게는 그 결과 우리가 어떻게 바뀌었는가 하는 문제다.

실제 성격operative personality은 자기와 타자에 관한 행동수칙, 그리고 이상과 실제의 괴리를 오가는 에너지를 관리하기 위한 반사전략을 모두 포괄하는 개념이다. 반사전략의 가장 기본적인 목적은 불안을 관리하는 일이며, 애정관계라는 맥락에서 불안은 타자가 우리 내면의 경계를 넘어오거나 우리를 버릴 때 우리가 받을 가능성이 있는 존재론적 스트레스를 말한다. 그러므로 애정관계에 정말로 해가 되는 건 우리가 살면서 피할 수 없이 받아야 하는 상처가 아니다. 우리가 타자에게 강요하는 개인의 이력을 통해 형성된 행동 수칙과 전략이 애정관계를 해치는 범인이다. 우리는 타자를 사랑하고 타자에게 사랑받고 싶어하기 때문에 자신의 이력을 타자에게 전달한다. 안 그럴 수 없지 않은가? 분명한 것은 우리의 이력이 온통 고통의 대서사시는 아니며 우리가 타인과 절대 결속할 수 없는 것도 아니라는 점이다. 다만 애정관계에서 좋은 부분은 알아서 잘 돌아가겠지만, 나쁜 부분이 꼭 관계를 오염시킨다는 얘기다.

게다가 타자를 향한 갈망은 우리의 본성이다. 우리는 삶을 시작하면서부터 원초적 타자와의 분리를 경험하기 때문에 타자와 다시 이어지기를 평생 갈망한다. 우리 시대에는 갈망이 문화가 되었다고도 말할 수 있을 것 같다. 우리는 이미 숨어버린 신을 갈망하며, 이어짐을 갈망하며, 고쳐지길 갈망한다. 우리는 모두 중독 상태이며, 화학물질이나 돈이나 권력 따위로, 그리고 무엇보다도 '마법 같은 동반자'를 통해 결합을 추구한다. 또한 우리는 양육을, 피난처를, 완벽을 갈망한다.

인간 역사에서 언제나 있었던 일이지만 지금 우리 문화에서는 이 현상이 더욱 심하다. 가족과의 유대가 줄어들었고, 아주 예전에 신화를 보존함으로써 이러한 기능을 담당하던 부족 관습과의 연결이 사라졌기 때문이다. 이들 연결 조직이 거의 완전히 사라지면서 우리는 자기애의 좁다란 통로에 홀로 남겨지고 말았다. 외로움과 두려움에 빠져 자기에만 몰두한 채 타인을 통해 구원받기를 갈망하면서 말이다.

현대시 중에 이 같은 타인의 개념을 19세기 영국 시인 매슈 아널드Matthew Arnold의 〈도버 해변Dover Beach〉만큼 적절히 묘사한 작품은 없을 것 같다. 도버 해안가에서 밀려나가는 파도를 신앙의 시대Age of Faith*의 쇠퇴에 비유한 이 시 마지막에서 아널드는 이어짐과 구원을 담당하던 주체들이 '사랑하는 사람' 딱 하나만 남기고 모두 소멸해버렸다고 말한다. 사랑하는 사람만은 언제나 믿을 수 있으며, 시에 묘사한 다음과 같은 상황에서도 언제나 진실함을 지킬 것이다.

> 무지한 군대의 격전을 알리는 경보가
> 혼란하게 휩쓸고 간
> 어둑어둑한 밤의 벌판에 서 있는 우리.[7]

이런 생각을 한 사람이 아널드만은 아니다. 앞에서 이야기한 것처럼 우리 시대에는 많은 사람이 교회보다는 애정관계를 통해 구원을 찾는다고 해도 틀린 말은 아닐 것이다.

성장하려면 두 가지 조건이 필요하다. 우선, 자신의 여정에 스스로 책임져야 한다. 예전에 어떤 상처를 받았다 해도 자신의 선택에 대해서는 지금도 앞으로도 자신이

---

* 유럽인이 대부분 기독교도였던 중세 및 초기 근대를 가리키는 용어 – 옮긴이.

그 책임을 감당해야 한다. 그다음으로 내면화하는 능력이 있어야 한다. 이 말은 자신의 삶을 만든 모든 선택은 그 동력이 자기 내면에 있다는 사실을 깨달아야 한다는 뜻이다. 스스로 돌이켜보며 이런 질문을 던져야 한다. "이것은 내 안 어디에서 왔으며, 내 지난 이력 중 어디와 부딪히는가? 어떤 기분인가? 그리고 내가 살면서 반복하는 패턴의 숨은 근원은 무엇일까?"

이 질문은 개인의 성장에 필요하지만, 스스로 심리 치료를 받으려는 사람조차 좀처럼 이런 질문을 던지지 않는다. 외향적이고 물질적인 현재의 우리 문화에서 이런 질문은 그리 존중받지도 못한다. 자신의 여정을 책임지는 일은 개성화의 본질이다. 개인의 과제는 '온전하게 개인이 되는' 데 있으며, 자연이 우리를 통해 행하는 실험에서 결실을 맺게 하는 일이다.

우리 중에는 이를 명백하게 받아들이는 사람도 분명 있겠지만, 대부분은 자신의 여정에서 일어나는 공포에 겁을 먹는다. 자신을 두려워하며 온전히 책임지는 일을 두려워한다. 물론 이런 부담을 덜어줄 타자가 어딘가에 있을 것이다. 자신의 자유와 책임이라는 무서운 압박을 없애줄 사회제도나 신, 마법 같은 동반자가 분명 어딘가에 있을 것이다. 또는 아직 읽지 않은 책 속에 해답이 있을지도 모른다고 상상한다. 융 분석가인 대릴 샤프Daryl Sharp

는 다음과 같이 솔직하게 털어놓는다.

> 나는 어딘가에 '이럴 때는 이렇게 할 것' 같은 이
> 름을 가진, 집단 지혜를 모아놓은 거대한 책이 있
> 을 것이라 상상한 적이 있다. 인생에서 겪는 모든
> 문제에 관한 해결책이 들어 있으며, 갈등을 겪을
> 때마다 펼쳐보고 그 내용대로 따르기만 하면 되는
> 그런 책 말이다. 이런 환상은 아버지 콤플렉스에
> 서 온다. 이런 책이 진짜로 있다면 나는 스스로 생
> 각할 필요조차 없을 것이다. 전통을 따라 정해진
> 방식대로만 하면 그만일 테니까.[8]

융에 따르면 "신경증적 고통은 실제 고통과 마찬가
지로 무의식이 저지르는 사기일 뿐이며 도덕적 가치가 없
다".[9] 또한 융은 신경증을 "궁극적으로는 의미를 찾지 못
한 영혼의 고통으로 이해해야 한다"라고 서술하기도 했
다.[10] 그런 이유로 우리는 자신의 고통을 책임지는 것은 물
론 그 의미를 이해하는 과제도 받아들여야 한다. 누구나
타자의 어깨에 기대어 생을 마감하고 싶을 때가 있다. 그
런 소망을 갖는 건 지극히 인간적이지만, 실제 애정관계
에는 해가 된다. 자신을 책임지는 일은 개성화로 가는 우
리의 여정에서 가장 큰 두려움이지만, 우리가 타자에게

안겨줄 수 있는 가장 큰 선물이기도 하다.

3) 투사의 자리는 결국 억울함과 권력의 문제로 채워질 뿐이다

우리 문화에서 갈망에 관한 가장 핵심이 되는 환상은 자신의 개성화를 이뤄야 한다는 짐을 덜어줄 마법 같은 동반자를 찾는 것이지만, 그 누구에게도 불가능한 일이다. 정말 그런 동반자를 찾아낸다고 해도 결국은 어린아이처럼 무력하게 규칙에 얽매인, 지독하게 퇴행적인 관계로 전락하고 말 것이다. 이런 관계가 어떤 것인지는 우리 모두 알고 있으며, 그리 보기 좋은 광경은 아니다. 둘 다 상처와 자신을 동일시하며, 이는 단지 (모두가 겪듯이) 상처를 입었을 뿐만 아니라 그 상처가 자신을 심리적으로 정의하는 상태가 되어 그 징후가 갖는 잘못된 신화 속에 갇혀버렸다는 뜻이다. 적어도 둘 중 한쪽은 애정에 심하게 굶주린 상태이며 다른 쪽은 누군가가 원하는 대상이 되고 싶어하므로 상호의존 상태에 빠진다. 둘 다 감정이 억눌리고 성장이 가로막힌 채 상대가 자신을 진실로 보살펴줄 수 있다고 믿는 순진한 심리적 환상에 빠져 하나가 된다는 뜻이다. 융의 내담자 한 명이 묘사한 대로 "행복한 신경증의 섬"에 잘 오셨습니다.[11]

　　남편이 심장마비로 세상을 떠난 지 얼마 되지 않은

여성 내담자와 상담한 적이 있다. 그녀는 진지하게 이렇게 질문했다. "이젠 한밤중에 화장실에 갈 때 누가 저랑 같이 일어나줄까요?" 신체적으로 아무 문제가 없었던 내담자에게 이제 스스로 자신을 돌봐야 한다고 답하자 다시는 나를 찾아오지 않았다.

타인과 하나로 합쳐지려 하면 다양한 증상이 따라온다. 우리의 정신은 우리한테 맞는 게 뭔지, 성장하려면 무엇이 필요한지 이미 안다. 자신의 과제를 타자에게 떠넘긴다면 한동안 자신을 속일 수는 있겠지만, 우리 영혼은 거기에 넘어가지 않는다. 영혼은 신체 질환, 콤플렉스의 활성화, 불안한 꿈 등으로 저항함으로써 자신의 존재감을 온전히 표현하려 한다. 루미의 시구를 빌리면 "자신의 즐거움을 위해서"다.

나 자신의 개성화라는 과제를 대신해줄 마법 같은 타자에 관한 환상으로 돌아가보자. 이 타자는 암묵적 계약에 스스로 나서서 서명했지만, 시간이 지나 성장함에 따라 우리를 혐오하게 된다. 이 감정은 관계에 스며들면서 점점 관계를 좀먹는다. '제대로 되어 보이는 일'을 하고 있지만 실은 다른 일을 하고 싶다고 몰래 바라는 사람처럼 분노에 찬 존재가 있을까. 마찬가지로 자기 옷 대신 반려자의 옷을 세탁하는 사람처럼 좌절에 휩싸인 존재가 있을까.

가장 흔한 예로 원초적인 부모의 모습을 애정관계의 상대에게 투사했는데 정작 상대는 내 짐을 대신 져주지 않는다면, 우리는 당황하고 화가 나며 실망한다. 그러고는 보통은 무의식 속으로 질문을 던지지만, 때로는 대놓고 상대에게 묻기도 한다. "왜 당신은 내가 나 자신에게 만족하게 도와주지 않아?" "왜 내가 바라는 대로 해주지 않아?" 우리 앞에는 불쾌하고도 절망적으로 타인이 되어버린, 원래 우리가 기대했던 사람과는 전혀 다른 모습의 상대가 앉아 있다. 처음에 우리는 그의 '다름'을 사랑했지만, 지금은 오히려 그 모습 때문에 이성을 잃을 지경이다. 그 사람은 변했어! 배신감을 느끼고 분노에 빠져 무력에 호소하는 일은 얼마나 쉬운가. 그냥 떠나버릴까? 아니, 그건 안 될 일이다. 애들도 생각해야지. 그래서 우리는 의존, 분노, 통제 같은 온갖 전략을 동원하는 한편 감정적 또는 성적 접촉의 중단까지 뒤섞어 상대를 처음에 우리가 상상했던 틀 속으로 되돌리려 한다.

　　이런 전략은 일반적인 관계에서 두 번째 단계에 해당한다. 타자가 나와 완전히 다르다는 사실이 드러나며 첫 번째 단계에서 애정관계를 가능하게 만들었던 투사가 사라지는 단계다. 이런 변화를 개인의 성장을 위한 기회, 또는 상대가 진정 누구인지 알 기회라며 환영하는 일은 거의 없다. 그와 정반대로 이전에 사랑했던 사람이 (우리에게 악의를 갖고) 더는 사랑할 수 없는 존재로 변해버린 데 분노하며 권력을 써서 상대를 응징한다. 다시 말하지만 권력 그 자체는 중립적이다. 우리에게 유익할 수도 악의적일 수도 있으며, 치유가 될 수도 상처가 될 수도 있지만 언제나 그 자리에 있다.

커플이 권력의 문제를 겪으면 상대를 비판하기가 아주 쉽다. 갑자기 성격의 단점이, 짜증나는 행동거지가 눈에 띈다. '마법 같은 동반자'라는 해묵은 욕구가 솟아나는데 리비도libido*가 다른 쪽을 향하기 때문에 실제로든 상상으로든 바람을 피우기도 쉬워진다. 이런 원초적 욕구의 대상을 발견하는 데는 오래 걸리지 않는다. 암묵적으로 계약한 '낙원으로 돌아가기' 계획에 반려자가 도움이 된다면 실제로 바람을 피우려는 욕구가 그렇게 크지는 않을 것이다. 그러나 이 상황에서는 반려자가 그리 도움이 되지 않는 탓에 우리는 이 해묵은 욕구를 다른 타자에게 투사하여 에너지와 사라진 희망을 되찾으려 한다. 바람피우는 사람 중에 결혼생활을 끝내거나 현재 반려자에게 의도적으로 상처를 입히려는 사람은 거의 없겠지만, 이런 일이 자주 벌어진다면 이는 해묵은 무의식 속의 '에덴 프로

---

* 성적 본능 또는 충동을 뜻하나 직접적인 성적 접촉과 연관되는 좁은 의미가 아니라 성적 에너지에 가까운 넓은 개념이다 – 옮긴이.

젝트'가 다시 힘을 발휘한다는 것을 입증한다고 보기에 충분하다.

따라서 권력의 문제는 모든 애정관계에 암시적으로 존재하며 명시적으로 나타나는 경우도 흔하다. 이 문제가 어디서나 존재한다는 사실은 존재론적 상처가 그만큼 보편적 문제라는 얘기다. 우리는 자기 욕구에 고분고분하게 따라줄 타자로 눈을 돌리며, 좌절된 욕구는 이를 부채질한다. 폭력적인 상대는 의식적인 자기성찰이 거의 불가능하며, 상대를 통제할 수 없는 상황에서 심하게 공포를 느낀다. 상대가 이전에 그랬듯 또다시 자신에게 상처를 입히고 삼켜버린 다음에 자신을 버릴지도 모른다고 생각하는 것이다. 폭력은 표현할 줄 모르는 사람의 언어라는 말이 있다. 따라서 상대를 학대한다면, 이는 자기 정신 내부를 치유하기 위해 원초적 상처를 의식적으로 경험하는 방법을 모르기 때문이다.

의식적으로든 아니든 상대에게 권력을 행사하는 것은 상대 역시 우리와 같은 개인임을 부정하고 상대의 영혼에 침범하여 우리로부터 밀어내는 것이다. 모든 커플은 결국 권력을 향해 비틀대며 이끌려간다. 피할 수 없는 일이다. 그러나 그중에는 회복하여 상처를 치료할 뿐 아니라 부담을 줄이고 현실성을 더함으로써 관계를 더 만족스럽게 재건하는 이들도 있다.

그림자라는 개념이 여기서 큰 도움이 된다. 자기를 성찰하고 새롭게 배우는 데 콤플렉스와 마찬가지로 그림 자는 마르지 않는 샘과 같다. 그림자의 기능은 '우리 내 면에 존재하여 우리를 불편하게 만드는 것'으로 정의할 수 있다. 우리는 불편한 마음이 드는 대상을 회피하는 경 향이 있기 때문에 자신이 다양한 권력전략을 어떤 식으로 사용하는지를 거의 의식하지 않는다. 상대가 은근슬쩍 권 력을 표출하는 것을 알아차리면 우리는 물러나거나 승복 하거나 저항할 수 있다. 하지만 우리 자신이 권력전략을 쓴다는 것은 선뜻 인정하지 못한다. 따라서 권력의 문제 는 그림자와 마찬가지로 항상 존재한다고 할 수 있다. 문 제는 애정관계 속에서 그림자가 작용하느냐 아니냐가 아 니다. 그림자가 작용한다는 사실을, 그리고 그 효과가 얼 마나 해로울지를 얼마나 의식적으로 깨닫느냐의 문제다.

권력을 추구할 때의 가장 해로운 측면은, 상대를 윽 박질러 우리가 스스로 책임져야 할 일을 상대에게 떠안긴 다는 점일 것이다. 어릴 적 부모에게 보호와 안전을 소망 한 것처럼 어른이 되어서도 우리는 타자가 우리를 지켜주 고 이끌어주며 우리의 일을 대신해주기를 기대한다. 이 거대한 희망은 본질상 무의식적이기에 권력의 문제는 우 리 자신의 문제다. 우리는 복잡한 권력의 그림자에 지배 당한다. 인간은 연약한 존재이므로 권력의 문제는 어디에나 있다. 그리고 우리의 애정관계는 언제나 우리의 지난 이력을 되풀이하기 때문에, 우리 자신은 물론 상대에게까지 그 속에 도사린 상처와 자기애를 항상 강요한다.

이와 같은 권력의 딜레마를 인식하는 일은 애정관계의 가능성을 비관한다는 뜻이 아니다. 오히려 자신과 상대 모두를 있는 그대로 존재하도록 자유롭게 해방하는 문을 여는 것과 같다. 두 사람 모두에게 사랑이라는 이름의 새로운 가능성의 문을 열어주는 일이다.

4) 연애관계의 유일한 치유법은 나의 개성화 과정을 나 자신이 책임지는 것이다

내 반려자가 이 세상에 존재하는 이유가 내 목적 달성에 이바지하는 일도, 나를 돌봐주는 일도, 내 인생에서 나를 지켜주는 것도 아니라니 얼마나 실망스럽고 낭만적이지 못한가. 마치 탄생하면서 겪는 에덴동산과의 작별이나, 인간이 언젠가는 세상을 떠나야 하는 존재라는 사실을 처음으로 깨달았을 때만큼이나 크나큰 실망이 아닌가. 분명 우리는 혼자 여정을 계속하는 존재다.

그러나 완전히 혼자는 아니다. 이 길은 우리와 같은 타인으로 그득하다. 우리는 서로에게 용기와 연민을 건넬 수도, 심지어 엄청난 도움을 줄 수도 있지만 서로의 여행까지 대신해주지는 못한다. 다른 사람의 죽음을 우리가 대신해줄 수 없는 것과 마찬가지다. 다른 사람이 우리 대신 죽을 수 없다면 삶을 대신 살아줄 이유도 없지 않겠는가? 우리가 세상에 존재하는 이유는 신이, 아니면 대자연이 우리에게 뜻한 바를 실현하는 일과 연관된 게 아닐까?

개성화에는 에덴 프로젝트에서 보이는 자기애보다 훨씬 크고 강한 에너지가 필요하다. 이 과정은 때로 자신을 보잘것없게 만들기도 하고 공포에 밀어넣기도 하지만 언제나 우리를 더 큰 삶의 의미로 초대한다. 진정한 자신이 되는 일은 자아의 작업이 아니다. (자아가 이를 도울 수도 있고 방해할 수도 있지만 말이다.) 개성화를 이루려는 본능을 더는 부정할 수 없게 되면, 자아가 방해하더라도 이를 물리치고 개성화 작업은 계속된다는 사실을 우리는 이미 배워 알고 있다. 우리의 여정은 여전히 거대한 수수께끼로 남아 있지만 에덴의 동쪽, 곧 진정한 성숙을 향한 여정은 계속되어야 한다. 우리가 이 여정을 이해할 수 있다면 이 수수께끼는 단순히 자아의 부산물 취급을 받을지도 모르겠지만, 우리가 살펴본 대로 자아는 연약하고 쉽게 겁에 질리며 의존적인 데다 타자를 갈망한다. 여정을 받아들인다면 공포 역시 받아들여야 하며, 환상들은 놓아버려야 한다.

타자가 우리를 구원해주리라는 기대를 버리는 것은 우리 삶에서 가장 어려운 과업 중 하나다. 그러므로 장기

간의 심리치료에서는 점진적으로 자신을 책임지도록 하는 일이 중요하다. 심리학자 프레드 한Fred Hahn은 이를 강력하고도 유려하게 설명한다.

심리치료의 목표는 환자가 지성화intellectualization와 합리화rationalization 같은 저항의 반동을 넘어 미지의 영역으로 향함으로써 온전한 깨달음이 주는 고통과 공포를 발견하는 동시에, 자신이 거기서 생존할 수 있다는 사실을 깨닫도록 돕는 것이다. 그리고 삶이란 완전히 부조리하고 예측 불가능할 수도 있음을, 우리는 전지전능하지 않음을, 우리에게 마술 같은 수준의 궁극적 자기방어가 존재하지 않는 한 때로는 말로 형용할 수조차 없을 정도의 아픔을 겪어야 함을 깨닫도록 도와주는 것이다. 그리하여 우리가 잃어버린 환상의 대상뿐 아니라 환상과 망상 자체를 두고 슬퍼하고 비통해하고 나면 망상 없이 비교적 잘 살아갈 수 있도록 돕는 것이다. 시간이 우리의 적이 아니라 친구가 될 수도 있다는 사실을, 행복은 조건이 아니라 덧없고도 소중한 경험임을, 우리가 환상을 갖지 않고 살아가려면 자기 삶의 의미를 직접 전해야 한다는 사실을, 기대와 요구가 들어섰던 자리를 희망으로 채워넣어야 한다는 사실을, 수동성의 자리에 적극성이 들어서야 한다는 사실을 깨닫도록 돕는 것이다. 현실 속에서 자신의 잠재력을 넓히고 성장시키는 쪽으로 희망의 방향을 바꿔야 한다는 사실을, 그러므로 슬픔도 기쁨도 더 풍부하게 경험해야 한다는 사실을 깨닫도록 돕는 것이다. 어릴 적 잃어버린 에덴동산으로 통하는 문은 이미 닫혀버렸으며 불칼을 든 천사들이 그 문을 막고 있음을, 우리와 이어져 있던 어머니는 영원히, 영원히 우리에게서 떠났음을 깨닫도록 돕는 것이다.[12]

이 말로 거의 모든 것이 요약된다. 프레드 한이 마지막 문장에서 말하는 "어머니"는 어머니 콤플렉스, 곧 우리 내면에 자리잡은 채 안정과 원조, 안식처를 갈망하는 에너지를 가리킨다. 에덴동산에서처럼 의식이 자리잡기 전 타자와 한 몸으로 합쳐 있던 상태는 영원히 우리에게 되돌아오지 않는다. 따라서 우리에게 필요한 것은 바로 '자신 그대로의 모습으로 존재할 수 있는' 용기다. 게다가 이런 용기를 부르는 요청에 답하는 일은 반려자를 가장 크게 돕는 방법이기도 하다. 실현 불가능한 에덴 프로젝트에서 놓아주는 것이기 때문이다. 자신이 이룰 수 있는 최상의 모습을 반려자와 나눈다는 건 얼마나 큰 선물인가! 그리고 우리가 자신의 여정을 계속하는 동안 반려자에게 자기 삶의 과제를 해결할 수 있는 자유를 선사하는 일은 상대를 배려하고 존중하는 최선의 방법이기도 하다. 이것이야말로 사랑일지 모른다. '사랑에 빠진다'는 말에서는 한참 벗어나 있겠지만.

우리가 지금 사랑이라 부르는 이질적 현실에는 별개의 명칭이 있어야 하지만, 이 말은 대중의 관념에 너무 깊이 스며들어서 되돌리기가 거의 불가능해 보인다. 이 책에서 내가 말하는 사랑은 '영웅적 사랑'이다. 서로를 자유롭게 해주고 퇴행적이지 않으며 변화의 힘을 가진 사랑이다. 유한한 존재인 우리 인간이 이 정도 수준까지 다다르기는 매우 힘들긴 하지만, 일단 이를 성취하고 나면 우리의 여정에는 깊이와 밀도가 생긴다.

위에서 살펴본 네 가지 원칙은 친밀한 관계 속에서 계속되는 과정이자 극복해야 할 과제다. 첫 세 단계는 우리에게도 익숙하다. 사랑에 빠진 상대에게 엄청난 기대를 품지만, 얼마 지나지 않아 상대가 우리의 기대를 충족하기에 매우 부족하다는 사실을 깨닫고 갈등에 빠져보지 않은 사람이 어디 있겠는가? 누군가는 어느 순간 네 번째 원칙과 씨름하며 힘겨워했을 텐데, 이 경험을 통해 우리는 아이가 아닌 어른이 되기 위해 성장과 책임이라는 과제를 부여받을 뿐만 아니라 잃어버린 낙원으로 돌아가겠다는 내면 깊숙이 자리잡은 욕구를 포기하도록 요구받는다. 우리 내면에는 언제나 겁에 질린 아이가 함께하며, 우리가 찾아 헤매는 성인의 힘은 우리의 내면아이가 요구하는 것과 균형이 맞아야 한다. 그러나 우리가 겁먹은 내면아이를 위로하며 자기 영혼의 성곽을 지킬 수 있다면 변화를 경험할 것이다.

종교학자 조지프 캠벨Joseph Campbell은 이 목표를 그 특유의 직설적 문체로 이렇게 표현한다.

> 내 생각에 결혼이 갖는 문제 중 하나는 우리가 결혼이 뭔지 정확히 깨닫지 못한다는 점이다. 우리는 결혼이 길고 긴 연애라고 생각하지만 실은 그렇지 않다. 결혼은 행복과 아무 상관이 없으며 변화하는 일과 관련이 있다. 변화를 깨달으면 결혼은 실로 놀라운 경험이 된다. 하지만 이를 위해서는 따르고 양보하고 베풀어야 하며, 원하는 바를 강요해서는 안 된다.[13]

애정관계가 행복이 아니라 변화라니 무슨 말인가? 행복이 어떤 식으로 고정된 상태라면 더할 나위 없이 좋겠지만, 불행히도 전혀 그렇지 않다. 행복은 일시적이며 손으로 붙잡았는가 싶으면 어느새 빠져나가버린다. 타자에게 처음 던진 투사는 행복이라는 환상을 안겨주지만, 현실은 그 가능성을 뒷받침해주지 못한다. 타자가 단순히 내 투사의 대상물이 아니라 나와 똑같은 다른 사람이라는 사실이 드러나는 순간, 문제가 시작된다.

변화란 자신이 커지는 것을 뜻하며 고통을 동반한다. 잠깐 멈춰 서서 성장의 경험에 관해 생각해보라. 성장 경험은 언제나 갈등과 상실에서 나온다. 의식은 반대되는 것들이 빚어내는 긴장에서만 생기기 때문이다. 타자가 나와 다른 존재임을 발견함으로써 우리는 사심 없는 사랑을 할 수 있다. 사심 없는 사랑이란 타인을 타자로 배려하며 다름을 소중히 여기고 찬양하는 에너지가 구현된 것과 다름없다.

사심 없는 사랑을 발견하는 행운이 따르면 애정관계에 변화의 힘이 생긴다. 상실과 갈등을 거쳤음에도 이전과는 비교할 수 없이 풍성해지며, 우리는 이를 고맙게 여길지도 모른다. 우리에게 닥친 변화에 가장 크게 기여하는 사람은 우리에게 가장 커다란 상처를 안긴 이들이므로 이들을 축복해줄 뿐만 아니라 우리 자신의 운명을 향한 힘든 여정 속에서도 이들을 있는 그대로 받아들여 사랑하는 아량까지 갖게 될지도 모른다.

4장

상처받은 에로스

상처를 찾아가는
다섯 가지 이야기

나무가 바람을 맞고 나이가 들면 휘어지는 것처럼, 덩굴손이 자연스럽게 위로 뻗어 자라는 것처럼, 우리의 생명력인 에로스는 우리가 살면서 겪는 경험에 따라 그 형태가 결정된다. 지각이 왜곡되는 방식은 사람에 따라 다른데, '운명의 장난'이라고 해야 할 것 같다.

우리에게 염색체는 한 쌍뿐이며, 부모도 한 쌍, 그리고 따르거나 거부할 문화 역시 하나뿐이다. 모두 우연으로 결정되는 것들이지만 이들은 우리의 에로스를 움직여서 치유, 상처의 복제, 운명의 초월 등의 임무에 활용한다. 우리는 대체로 이러한 임무에 관해 인식하지 못한다. 어느 정도 삶의 이력이 쌓여 행동에 패턴이 생기고, 무의식의 일부가 의식의 표면으로 떠오르며, 자아에 힘이 생겨 정직한 자기반성이 가능해져야 비로소 우리 삶에 자리 잡게 된 여러 잡다한 것들이 보인다. 이 과정에서 때로는 굴욕감을, 때로는 패배감을 맛볼 수도 있다. 살아오면서 무슨 일이 벌어지는지 정말로 다 알고 있었다고 말하기는 참으로 힘들다.

에로스의 형성, 그리고 에로스가 원초적으로 각인된 결과 나타나는 삶에 관해 다섯 가지 사례를 들어 설명해 볼까 한다.

어머니의 기대를 저버린 아들

그레고리는 삶에서 정말 중요한 것이란 어머니가 중요하다고 생각하는 것이라는 사실을 어릴 적에 깨달았다. 그레고리의 아버지는 분수를 아는 사람이라 돈을 벌어오는 역할에만 충실했다. 열 살 때 그레고리는 눈 덮인 필라델피아 시내를 걸어다니며 《새터데이이브닝포스트Saturday Evening Post》를 팔았다. 춥고 허기에 지쳐 집에 돌아온 그레고리가 어머니에게 하나도 못 팔았다고 이야기하자, 어머니는 그레고리를 어두운 바깥으로 다시 내쫓으며 한 부라도 못 팔면 들어올 생각도 하지 말라고 윽박질렀다.

'윗사람에게 중요한 것이어야 내게도 중요하다'는 그레고리의 삶의 철학은 이런 기억 속에서 생겨났다. 윗사람은 당연히 어머니를 가리켰다. 그레고리의 어머니는 돈과 권력, 그리고 그 둘 다를 가진 사람을 중요하게 여겼다. 이는 어머니 역시 빈곤과 궁핍을 겪으며 자랐기 때문이며, 그런 인생철학을 통해 사물을 보게 된 그레고리 역시 돈과 권력을 좇는 사람이 되었다. 어릴 적 조건 없이 자신이 받아들여지는 경험을 하지 못한 탓에 그런 실제 성격이 형성되었으며, 그는 '최초 성인기'*에 상당한 수준의 세속적 성취를 이룰 수 있었다. 그는 20대부터 50대까지 어마어마한 돈을 벌고 대기업 사장 자리까지 올랐으며, 애정이라고는 거의 없던 여성과 의무감으로 결혼하여 두 자녀를 낳아 길렀다. 술을 지나치게 많이 마셨고, 툭하면 바람을 피웠으며, 정기적으로 매춘부를 찾았다. 어차피 중요한 건 돈과 권력이었고, 그레고리는 둘 다 있었다. 사회적 지위와 특권 덕에 다른 사람은 자신을 우러러봤다. 그는 사랑도 돈으로 살 수 있다고 생각했다. 그가 말했다. "그때는 내가 돈을 댔으니 그 여자는 당연히 날 사랑할 거라 생각했죠."

자신이 버는 것보다 알코올의존증으로 치르는 대가가 더 크다는 사실을 깨닫자, 그레고리는 AA모임에 가입하여 술을 끊었다. 자기 삶을 스스로 통제할 방법이 필요하다고 깨닫자마자 아내와 이혼하고 매춘부를 찾아가는 일도 그만뒀으며, 골프를 치며 인생을 즐기기로 결심했

* 융 심리학에서는 흔히 말하는 '중년의 위기midlife crisis'를 기점으로 그전을 최초 성인기, 그 후를 2차 성인기로 가른다. 개인차가 있으나 보통은 12세 전후인 사춘기에서 40세 정도의 시기를 가리킨다 - 옮긴이.

다. 그와 동시에 여성 세 명과 연애를 시작했는데, 자신이 술에서 완전히 벗어났으며 이들을 진실하게 대한다는 것을 보여주는 차원에서 이들 모두에게 다른 애인들이 있다고 솔직하게 털어놓았다. 세 애인은 마지못해 이 괴상한 1:3의 관계를 인정해주었다.

그레고리는 딱히 위기를 겪어서 심리치료를 시작한 게 아니었다. 근본적으로 자신에 관한 호기심 때문이었다. 하지만 그레고리의 '자기'에는 그보다 더 큰 의도가 있었을 것이라 짐작하기란 어렵지 않다. 그는 결혼을 덫이자 자유의 상실로 여겼으며, 두 번 다시 그와 똑같은 실수를 저지르고 싶지 않았다. 애인들과는 당연히 성적으로 이어져 있었지만, 성 자체는 본질적 요소가 아니었다. 이 세 명은 모두 젊은 전문직 여성이었으며, 그레고리는 금전적 지원을 해주고 격려하며 의도하지는 않았겠지만 이들의 멘토 역할을 했다. (이들의 아니무스를 이끌었다고 말할 수도 있을 것이다.) 애인 세 명 모두 그레고리에게서 이런저런 이득을 얻으면서도 그레고리와 평생 가는 진지한 관계를 맺고 싶어했다. 그러나 그레고리는 그것만은 해줄 생각이 없었다.

이쯤에서 우리는 상처받은 에로스에 어떤 특징이 있는지 가려낼 수 있다. 바로 '돈과 권력'이다. 그레고리는 어릴 적 어머니에게서 무조건적 애정을 받지 못했으며,

어머니가 원하는 것을 얻어내기 위해 노력하는 방법을 익혔음을 상기하자. 동시에 그는 다른 사람에게 헌신하지 않으려 애써야 했다. 정작 필요할 때는 자기 곁에 있어주지 않을 것이기 때문이다.

지금까지 살펴본 대로 에로스의 상처가 어디에서 왔는지 가려낼 수 있는 한 우리의 행동은 항상 논리적이다. 그러나 그 뒤에 발생하는 일들로 말미암아 상처를 치유하려는 욕구가 정신논리에 덮여버린다. 그레고리가 결혼하여 자녀를 낳은 것은 물론 사회에서 성공한 것조차 모두 의무감 때문이었다. 어머니를 대신할 사람에게서 '사랑'을 찾았으며, 자기 내면에 존재하는 여성, 곧 아니마가 겪는 고통을 마비시키려 보드카를 들이켰다. 분명 그는 또다시 상처 입을 관계 따위는 다시 맺고 싶지 않았을 것이다.

세 애인 모두 그에게 애정을 표시했으나 실제로 진지한 관계에 도달한 사람이 아무도 없었던 이유는 그레고리의 태도와 기대가 어린 시절 어머니와의 경험에서 형성된 동력과 정신논리에 따라 움직였기 때문이다. 그레고리에게는 이들 연애관계 각각이 이중적이고 모순적인 동력으로 작용했다. 그의 무의식 속에서는 자신을 애인들 모두에게 가치 있는 존재로 만들어 자신을 필요로 하도록, 갈망하도록, 그리하여 항상 자신 곁에 머물도록 하려는 목표가 있었으나 정작 본인은 버림받을지 모른다는 어린 시절 두려움의 늪에 빠져 진지한 연애를 거부했다.

이러한 전이적 역동transferential dynamic*은 모든 연애 관계에서 공통적이다. 운명의 무한한 능력으로 말미암아 실제 관계가 어떤 범위와 양상으로 나타나는지는 매번 미묘하게 달라지지만, 커플을 상담해본 심리치료사라면 무의식의 동력이 관계를 지배한다는 사실을 알고 있을 것이다. 그레고리라면 월트 휘트먼Walt Whitman의 유명한 시구절을 자기 삶의 좌우명으로 골랐을 법도 하다. "암흑의 어머니, 부드럽게 발을 끌며 다가오네."

그레고리는 자기 행동의 패턴을 의식하게 되었다. 자신이 권력과 재력을 쌓은 것은 모두 잡지 한 권 팔지 못하던 어린 시절의 자신을 보호하기 위해서였다. 이 가련한 아이는 아직도 세상을 떠돌며 자신은 사랑받을 자격이 없다고 느낀다. 이제 그레고리는 안다. 자신이 진정으로 원하는 것은 권력과 돈이 아니라 무조건적 사랑이라는 사실을 말이다. 다시는 술병을 따거나 매춘부를 찾아가지 않을 것이다. 그래 봤자 외로움만 깊어질 뿐 타자를 통해 자신의 욕구를 충족하지 못할 것임을 깨달았기 때문이다. (사랑받을 가치가 있다는 것을 굳이 증명할 필요 없이) 있는 그대로의 자신으로 사랑받는다는 축복을 느끼고

---

* 구체적으로는 전이와 역전이를 가리킨다 – 옮긴이.

싶다는 생각이 난생처음으로 들었을지도 모른다. 그의 이런 욕구는 파울 틸리히Paul Tillich가 말하는 은총grace의 정의와도 비슷하다. "'내가 받아들일 만한 사람이 못 됨에도 나를 받아준다'는 사실을 받아들이는 것."[1]

이제 그레고리는 자신의 연애관계를 다시 분석하는 중이며, 각각의 관계에 숨어 있는 동기의 유사성을 찾는 데 집중하고 있다. 그의 의식은 자기 애인들이 어머니 역할을 하는 걸 바라지 않지만, 실제로 자신의 관계 유형을 움직이는 건 어렸을 때 입은 상처다. 이제 그는 자신이 정말로 원하는 게 무엇인지, 겉으로 보기엔 성공적이나 내면적으로는 불만스럽기 그지없는 자신의 모습은 과연 어떤 의미인지 알아내려 하고 있다. 아이의 에로스에 생긴 상처는 커서 성인이 된 뒤의 삶까지 지배하며, 이는 우리 모두에게 해당하는 이야기다.

이를 치유할 수 있는지는 우리가 상처, 무의식의 패턴, 그리고 우리 내면 깊숙하게 숨은 욕구를 얼마나 직면할 수 있는지에 따라 결정된다. 그레고리는 타자와의 관계를 좀 더 넓은 개념으로 받아들일 준비가 되어 있으며, 그러기 위해서는 먼저 자신과의 관계를 넓혀야 한다는 사실을 안다. 어릴 적 그의 모습은 지금도 여전히 내면에 남아 어머니의 기대를 만족시키려 추운 겨울 필라델피아 거리를 떠돌고 있을 테지만, 그레고리의 삶은 더 이상 자신의 욕구에 자동으로 지배당하지 않을 것이다.

피로 물든 어두운 강의 신

스티븐은 50대 남자로 25년째 한 아내와 결혼생활 중이다. 처음 몇 번의 세션에서 그는 자신의 전반적인 불안에 관해 이야기했으며, 직업을 바꿀까 생각 중이라고 했다. 아내를 사랑하며 아내의 안녕을 진심으로 바라지만, 아내에게 성적 욕구를 전혀 못 느낀 지 벌써 몇 년이 지났고, 두 사람 다 이를 안타깝게 여기고 있다고 말했다.

그레고리와 마찬가지로 스티븐 역시 스스로 심리치료를 시작했지만 그 계기를 확실하게 말하지 못했다. 그저 자신과의 대화를 진작에 시도했어야 했으나 그러지 못했다고 인정했을 뿐이다. 스티븐은 자신이 겪는 전반적인 불안이 혹시 직업을 다른 쪽으로 바꾸라는 암시가 아닌가도 생각했지만, 한편으로 자기 내면의 여성성과 나눈 모종의 약속이 있으며 그것을 지켜야 한다는 것도 감지하고 있었다.

성적 욕구가 줄어드는 것은 50대 남성이 흔히 겪는 일이다. 피곤해서일 수도 있고, 나이가 들면서 리비도가 줄어들어서일 수도 있으며, 반복되는 일상이 부부관계에 영향을 끼쳐서일 수도 있다. 그러나 반려자가 자신과 함께 나이가 들며 살이 찌고 어머니 역할에 더 신경 쓰며 흰머리가 나기 시작하는 것 등이 그 이유일지도 모른다. 자신이 알지 못하는 사이에 반려자의 이미지는 자신이 어릴 적부터 갖고 있던 나이 먹은 어머니의 이마고를 깨운다. '어머니'는 자신에게 바람직한 의미일 수도 있지만, 동시에 근친상간이라는 금기를 자극한다.

근친상간에 대한 공포는 실은 무력감과 유아적 의존으로 퇴행하는 것에 대한 공포다. 전이에서 비롯한 이런 힘과 마주하면 무의식중에 타자를 아이의 자율성을 위협하는 존재로 경험하게 된다. 이혼남 상당수가 자기 나이와 경험에 맞는 상대보다는 연하의 젊은 여성을 골라 재혼하는 것도 이 때문일지 모른다. 또 다른 이유로 이런 남성들은 자신의 아니마를 성장시키는 데 관심을 기울이지 않았기 때문에 자신의 정서적 수준에 맞는 여성을 찾는다는 점을 들 수 있다.

스티븐이 어렸을 때 아버지는 대체로 배경 인물에 지나지 않았으며, 의식적·무의식적 가치를 형성하는 데는 어머니가 지배적인 역할을 했다. 게다가 종교적 영향을 강하게 받으며 성장한 탓에 초자아적 가치가 두드러지게 주입되었다. 그러므로 그레고리와 달리 스티븐은 어떤 특정 대상에 중독되지도, 여성들과 노닥거리면서 밤시간을 보내지도 않았다. 결혼 초반기에 스티븐은 자신의 에로스를 부모 역할과 자기 경력에 투자했으며, 자녀가 성장하여 독립한 다음에는 경력 쪽에만 투자했다. 에너지를 이렇게 쓰는 게 당시에는 올바른 일이라고 생각했지만, 그러다 보니 점점 자신에게서도, 아내에게서도 소외되는 결과를 가져왔다. 에로스는 가느다란 갈대처럼 쉽게 구부러지기 때문에 스티븐은 이를 전형적인 미국 중산층의 가치를 추구하는 데 사용할 수 있었지만, 이는 근본적으로 결혼이라는 관계 아래에서 움직이는 원형적 에너지를 자신에게서 단절시키는 행위였던 것이다.

어느 날 사라진 (아내와의) 성적 긴장감에 관해 이야기하던 중 나는 스티븐에게 아내는 이 상황을 어떻게 보는지 물어보았다. 그는 잘 모르겠다면서, 아마도 아내는 이 상황을 해결해달라고 계속 기도하지 않겠느냐고 대답했다. 가벼운 우울장애를 겪고 있는 그는 의사 처방을 받아 프로작Prozac(항우울제)을 복용하고 있었는데, 아내를 배려하려는 의도였는지 프로작 부작용 때문이라는 이유를 댔으며 아내에게는 아무 잘못이 없다고 말했다. 이 상황이 두 사람 모두에게 손실임을 스티브가 기꺼이 스스로 인정하고 그 의미를 찾으려 노력하고 있었기 때문에 우리는 아내의 기도가 어느 정도는 응답을 받았다고 결론지었다.

나는 이 역설을 좀 더 확장해서 성적인 교감은 종교

적인 성격을 가진 성스러운 선물이라는 사실을 스티븐은 잊었거나 아니면 아예 배운 적이 없는 게 아닌가라는 의구심이 들었다. 스티븐 부부는 외적인 종교적 의무에 결코 소홀한 적이 없었지만 성sexuality에 초월적 측면이 있다는 사실을 잊은 상태였다.[2] "신경증이란 기분이 상한 신과 같다"라는 융의 서술은, 신이란 어떤 원형적 에너지를 각색한 존재이며 이를 소홀히 하거나 남용하면 적잖은 고통이 따른다는 뜻이다. 신을 소홀히 하거나 기분 상하게 만들면 결국 자신에게 상처로 돌아온다. 신은 우리를 관통하여 움직이는 자연의 힘을 표상한 존재이기 때문이다. 스티븐 부부는 외적인 종교적 가치를 신실하게 섬기고 있었지만, 정작 자연과 역사를 움직이는 신과의 연결이 끊어진 상태였다. 융 심리학의 관점에서 신경증은 자기와의 불화self-estrangement, 곧 내면에 있는 신과의 불화를 뜻한다. 영적인 존재로 신을 섬기면서 정작 자기 안에 자리잡은 신을 등한시하는 것은 아무리 의도하지 않았다 해도 신성을 거역하는 행위다. 스티븐의 우울장애도 어느 정도는 자기소외가 낳은 결과라는 생각이 들었다. 약을 먹어봤자 기껏해야 숨길 수 있을 뿐이다.

나는 부부가 함께 성을 통해 신을 찾아보는 게 어떻겠냐고 스티븐에게 제안했고, 그는 이 생각에 호기심을 느낀 듯했다. 자기 내면과의 관계뿐만 아니라 아내의 내면과 관계를 복원하는 것, 동시에 끈질긴 어머니 콤플렉스의 개입을 무력화하는 것이 스티븐에게 주어진 과제였다.

나는 스티븐에게 "릴케의 시에 등장하는 어두운 '피로 물든 강의 신'[3]을 찾아 따라가보는 게 좋을지도 모르겠습니다"라고 말했다. "신은 우리에게 존중할 것을 요구하지요. 스스로 종교적인 사람이라 생각하신다면 이 신 역시 섬겨야 합니다. 이렇게 강력한 신성함을 무시한다면, 삶의 어디서든 그 복수를 피할 수 없을 겁니다."

스티븐에게는 종교적 관점을 넓힌다는 숨은 과제도 주어졌다. 좀 덜 숭고하다 해도 힘이라는 측면에서는 마찬가지이며 조롱의 대상이 되어서는 안 되기 때문이다. 이 관점은 스티븐의 마음을 열어주었다. 피에 물든 강의 신을 접하는 일은 아동기의 퇴행적 콤플렉스보다 더 강력한 힘을 지닌다. 이 역시 영적 소명일 뿐만 아니라 이를 통해 개인이 더 넓은 존재가 될 수 있기 때문이다. 일반적으로 콤플렉스가 가진 힘을 없애려면 더 큰 힘을 가진 이마고의 에너지가 필요하다.

스티븐에게 또 다른 과제는 아내에 관한 생각을 재점검하는 것이었다. 아내와 주고받는 경이롭도록 아름다운 선물을 제대로 복원해내려면 아내가 매력 있으면서도 자신만의 욕구를 가진 여성이라는 사실을 새롭게 발견할 필요가 있었다. 아내에게서 함께 새로운 종교적 차원으로 들어갈 동반자라는 이미지를 새롭게 구현하는 일, 자신에게 내면을 열고 기꺼이 취약해지는 일, 그리고 자신의 내면에 더 가까이 다가가는 일 이 모두가 실제로 자신의 아니마를 되살리기 위한 과제였다.

결국 성, 다시 말해 '피로 물든 검은 강의 신'은 성스러운 존재라는 생각을 하게 된 스티븐 부부는 육체적 친밀감을 새롭게 형성할 수 있었다. 부부가 서로에게 상실이라고 여겼던 고통은 결과적으로 이들이 자신을 더 깊이 경험할 기회를 안겨주었다.

애빌린의 역설

우리의 무의식 속 에덴 프로젝트가 가진 힘과 거기에 숨은 동기는 절대로 과소평가할 수 없다. 우리 자신의 연약함에 대한 경험, 그리고 타자가 은연중에 갖는 힘의 핵심 모두에 자리잡고 있기 때문이다.

한 부부가 서로를 '고치기' 위해 심리치료를 시작했다. 조이스와 조는 정년을 맞이하여 드디어 하고 싶은 일을 마음껏 할 자유를 얻었으며, 그 과정에서 서로를 재발견했다. 서로 상대의 감정에 대한 책임이 자신에게 있다고 생각해서 상대가 아프거나 외로워하거나 우울해하거나 화를 내면, 자신이 각별히 신경을 써서 상대를 자기 곁에 되돌려놓을 의무가 있다고 믿었다. 나는 이들 두 사람과 함께, 그리고 한 명씩 따로 세션을 가졌는데, 그 결과는 흥미로웠다. 두 사람 다 서로에 관해 분석하고 이야기하는 게 매우 비슷했으며, 상대의 문제를 제삼자인 내가 해결해주기를 바랐다. '애빌린의 역설Abiline paradox'이 변형된 사례였다.

애빌린의 역설이라는 용어는 경영, 특히 조직 개발 부문의 전문가인 제리 하비Jerry Harvey가 처음 만들었다. 하비는 끔찍하게 더운 어느 날 아이스크림을 먹으러 텍사스주 중부 도시인 애빌린까지 차를 몰고 갔지만 실은 아무도 원하지 않으면서도 누구도 대놓고 얘기하지 않는 바람에, 다들 짜증만 쌓인 채 돌아오는 도중에 서로에게 감정이 폭발한 사람들의 예를 언급했다. 커플이나 집단이 암묵적으로 동의하는 사안이 있는데도 실제로는 그와 정반대의 행동을 보이는 이 현상에 하비는 애빌린의 역설이라는 이름을 붙였다. 여기에 해당하는 가장 소름 끼치는 사례는 1986년 챌린저호 폭발 사건 때의 의사결정 과정이다. 40여 개에 달하는 도급 업체가 챌린저호에 결함이 있어 발사해서는 안 된다는 의견을 내놓았으나 투표를 거친 끝에 결국 예정대로 발사가 강행되었으며, 그 결과는 다들 아는 바와 같다.*

그다음 동반 세션에서 나는 다음 목록을 인쇄해서 조이스와 조에게 건넸다.

애빌린의 역설

(집단이나 커플이 원래 동의한 것과 정반대의 행동을 하는 과정)

두 사람은 다음 내용에 동의한다.

1. 두 사람은 서로를 아끼고 사랑하며 소중히 여기는 동시에 서로를 지지하려 한다.

2. 두 사람은 상대가 우울증에 빠졌다고 생각한다.

3. 자신이 보기에 상대가 우울한 이유는 외부가 아니라 상대 내면의 정신에 있다. (따라서 상대의 문제는 상대가 개인적으로 해결해야 한다.)

4. 그러나 나는 여전히 상대의 우울증에 책임감을 느낀다.

5. 나는 상대 없이 독자적으로 행동하기가 두렵다. 그랬다가 상대가 짜증을 내거나 화를 내거나 더 우울해질까 봐 걱정되기 때문이다.

6. 이런 교착 상태 때문에 나는 화가 나고 우울하

---

* 1986년 1월 28일, 우주왕복선 챌린저호는 발사 73초 뒤 고체연료 추진기 이상으로 폭발했으며, 탑승한 대원 일곱 명은 전원 사망했다 - 옮긴이.

며, 이런 상황이 어느 정도는 상대 탓이라고 생각한다.

7. 나는 상대를 사랑하지만 지금 당장은 그 사람과 거리감이 느껴진다.

8. 치료사가 상대의 문제를 고쳐서 이 딜레마를 해결해줬으면 좋겠다.

어린 시절 이력이 두 사람의 내면에 깊이 자리잡고 있었기 때문에 두 사람 다 상대의 감정 상태에 책임감을 느낄 수밖에 없었다. 이는 두 사람 모두에게 부담을 주며 실제로도 아무 도움이 되지 않는다. 고통은 성장의 전주곡과 같은 역할을 하는데, 이를 상대에게서 없애려 하기 때문이다. 현실에서는 둘 중 어느 쪽도 우울증을 스스로 호소하지 않았으며, 지레 서로에게 그런 진단을 내렸을 뿐이다. 상대가 버림받았다고 느낄까 봐 정년 퇴임으로 힘들게 얻은 자유를 자신의 흥밋거리를 찾아 혼자 온전히 누릴 수 없다는 사실에 두 사람 다 좌절과 분노를 느끼고 있었다. 간단히 말하면 조이스도 조도 자신의 태도에 숨 막혀하면서 자기 감정을 상대에게 투사하고 있었다. 두 사람이 결과적으로 심리치료사에게 바란 것은 상대에 대한 자신의 진단에 동의하고 상대를 치료해줘서 두 사람의 관계가 다시 원만해지는 것이었다.

두 사람 모두 부부관계를 원만한 방향으로 개선하려면 자신의 태도, 상대에 대한 지나친 책임감, 그리고 자신에게 해가 되는 선택을 하는 과정을 먼저 분석해야 한다고 생각하지 못한 것이다.

조이스와 조는 애빌린의 역설에 해당하는 항목이 자신에게도 그대로 해당한다는 사실에 동의했으며, 마지막 항목을 보고서는 크게 웃음을 터뜨렸다. 긴장감은 깨지고 양극적 사고는 녹아내렸다. 부부관계 역시 당연히 긍정적으로 변할 수 있었다. 이 사례에서 치료 과제는 단순히 두 내담자의 사고방식에 존재하는 모순을 지적하는 게 아니었다. 각자의 삶을 먼저 개선함으로써 서로의 관계를 해결하는 단계에 두 사람이 자연스럽게 참여하도록 하는 데 있었다.

다시 한번 강조하지만, 앞 장에서 언급한 네 번째 법칙("연애관계의 유일한 치유법은 나의 개성화 과정을 나 자신이 책임지는 것이다")은 명백히 사실이다. 우리가 반려자에게 해줄 수 있는 최선의 행동은 자신의 개성화를 위해 스스로 나아가는 것이다. 그래야만 서로를 향한 불가능한 투사로 연애관계가 얼룩지는 일을 막을 수 있다.

돌보는 사람은 누가 돌볼까

베키는 35세의 사회복지사로, 부모화를 경험하며 성장한 탓에 자연스럽게 이 직업을 선택했다. 어릴 적부터 부모를 돌보는 역할을 해야 했다는 뜻인데, 그래야만 부모가 자신에게 부모 역할을 제대로 해줄 것이라는 희망을 가졌기 때문이다. 불행히도 그녀의 어머니는 몸이 약하고 감정이 제대로 성숙하지 않았으며, 아버지는 자기애가 강한데다 필요할 때는 보이지 않는 사람이었다. 아버지가 〈캘리포니아 드리밍California Dreaming〉을 흥얼거리며 서부로 떠나버린 뒤로 베키는 어머니를 직접 돌봐야 했다.

　　베키가 커서 커밍아웃했을 때 부모는 아무 반응도 보이지 않았다. 두 사람 다 베키의 삶에는 관심이 별로 없었기 때문이다. 슬프게도 베키의 연애 이력은 자신이 부모와 경험한 내용과 거의 흡사했다. 자기 어머니처럼 자신을 돌봐줄 누군가를 강렬하게 원하는 여자, 또는 자기 아버지처럼 요구사항은 많으면서 자기 역할은 거의 하지 않는 자기애가 강한 여자에게 끌렸다. 가족사 때문에 영웅적 역할을 제대로 겪고 배웠던 베키는 두 가지 성향의 연애를 유지할 수 있었으며, 두 가지 일을 하며 생계를 꾸렸지만, 늘 슬픔에 빠져 있었고 가끔은 갈팡질팡하는 모습을 보였다. 겉으로는 잘해나가는 것처럼 보여도 베키의 내면에는 언제나 길 잃고 버림받은 어린 소녀가 숨어 있었던 것이다.

캘리포니아에서 생활하는 동안 기력을 상실해버린 아버지가 은퇴해 동부로 돌아오기로 하면서 베키에게 위기가 찾아왔다. 베키는 이 상황이 어떤 의미인지 잘 알았다. 아버지는 이 여자 저 여자에게 기대어 원하는 바를 해결하며 살아왔는데, 이제는 베키에게 기대려 한다는 뜻이었다. 그렇게 오랫동안 떠나 있다가 아무 일 없었다는 듯이 돌아와서 자신을 챙겨달라는 아버지에게 베키는 먼저 분노가 느껴졌지만, 아버지에게 선을 긋고 안 된다고 말하는 것도 부담스러웠다. 자기 삶을 살고 싶다고 부모에게 이야기하는 데는 성공했으나, 아버지는 그 말을 듣고 '오해와 상처를 받았다'는 반응을 보이고 어머니가 홀로 남은 상황에서 베키의 결심은 무너지고 말았다.

흔히 볼 수 있듯이 성인의 의식은 원초적 타자와 만나 분노가 일어나면 명료함을 잃어버린다. 이렇게 촉발되는 퇴행적 에너지는 성인이 되어 맺는 모든 관계를 오염시킨다. 이 에너지가 특히 강력한 이유는 우리가 자신의 부모를 대할 때는 원초적 타자가 눈앞에 실존하므로 과거의 이마고가 어마어마하게 강화되기 때문이다.

베키의 딜레마는 우리 모두에게 해당한다. 과거의 영향이 이렇게 강력할 때, 우리가 자신의 선택지를 정확히 평가하여 목적에 맞는 결정을 내리려면 어떻게 해야 할까? 우리가 '지금 이곳'에 머물 수 있느냐는 언제나 어려운 문제다. 책으로 보면 무엇을 선택할지가 분명해 보인다. 치료를 받는 동안에도 제대로 선택한 것처럼 보인다. 그러나 지난날이, 과거의 경험이 우리를 휩쓸고 지나갈 때 의식을 붙들기란 가장 힘든 일 중 하나다. 게다가 지금 성숙한 선택을 하더라도 내일도 그럴 수 있으리라는 보장은 전혀 없다. 자신의 여정과 동시에 자신을 가로막던 과거의 패러다임을 같이 의식하려는 노력이 이어져야 우리는 성숙한 선택을 계속할 수 있다.

이 글을 쓰는 지금 베키는 아버지가 돌아오기를 안절부절못하며 기다리고 있다. 그녀에게 선택은 두 가지다. 자신이 그은 경계를 지키며 혼란스러운 감정을 아버지에게 쏟아내거나, 부모를 위해서라는 명목으로 자신을 잃어버리거나.

외로운 전사

44세의 사업가 네이선은 직업적으로 꽤 성공한 삶을 누리고 있다. 치료실을 찾아올 당시 그는 그레고리와 마찬가지로 세 여성과 동시에 연애하고 있었고, 아들을 대학에

진학시켰으며 전처와도 연락하고 있었다. 지금 진행 중인 연애는 네이선에게는 민감한 주제였으며, 세 애인 모두에게 진지한 연애에는 관심이 없다고 이미 못박아두었다.

재미있게도 네이선이 경력상 중요한 결정을 내려야 하는 상황에서 위기가 찾아왔다. 업계 두 번째 규모의 현재 회사를 떠나 경쟁사의 임원으로 와달라는 제안을 받은 것이다. 연봉으로 보나 기회로 보나 어느 쪽을 택하는 게 좋을지는 명백해 보였지만, 정작 네이선은 불안하고 단절감을 느꼈다. 치료 세션 중에 그는 자신이 정말 두려워하는 것은 새 직장에서 자신에게 기대하는 헌신과 책임이라는 사실을 확인했다. 직장을 옮기면 더 많은 걸 얻을 수 있겠지만, 앞으로 몇 년 동안 자신이 치러야 할 대가 또한 커질 것이었다.

진지함을 요구받는 상황이 네이선에게 또 한 번 고민을 안긴 셈이다. 그는 애인과의 관계나 회사와의 관계에서 도덕적인 선을 지키고 싶어했다. 그러나 동시에 새로운 직책과 직접적인 관계가 없어 보이는 불안감을 느끼고 갈팡질팡했으며, 이 내면의 갈등 탓에 최종 결정을 내리는 일이 고통스러울 정도로 늦춰졌다.

정신은 자아의 목표와 다른 로고스logos*를 위해 작

---

* 이성적 원리나 진리 ― 옮긴이.

용할 때도 늘 논리적이라는 사실을 떠올리면, 헌신적인 관계에서 생기는 공포란 실은 '타인과 지나치게 가까워지면서 자신이 휩쓸리는 상황'에 대한 공포라는 사실을 알 수 있다. 이런 공포를 처음부터 갖고 태어나는 아이는 없다. 오히려 그 반대다. 아이는 누군가 가까이 있음으로써 자기를 안심시켜주기를 갈망한다. 몰입하고 헌신하는 관계를 두려워하는 건 무언가에 지나치게 가까워지는 것에 대한 공포다. 이전에 무언가에 자신이 짓눌리는 감정을 경험했다면, 특히 자신의 경계를 스스로 만들지 못하는 무력감을 느낄 때 이런 일이 벌어졌다면 그런 공포가 생길 수 있다.

네이선에게 무엇에 공포를 느낀다고 생각하는지 묻자 그는 타인이 자신을 지배하는 게 무섭고 관계 속에서 자신을 놓칠까 봐 두렵다고 털어놓았다. 일과 결혼 모두 삶의 다양성뿐 아니라 자신의 물리적·감정적 이동의 자유를 빼앗아버릴 것이고, 그렇게 되면 틀에 박힌 지루한 생활을 하게 되리라는 것이었다.

네이선이 마지막으로 언급한 공포는 '영원한 아이 puer aeternus'*에 대한 마리루이제 폰 프란츠의 심리학적

---

* '영원한 아이'는 창조적이고 신적인 젊음을 지닌 영원한 젊은이, 곧 소년신을 뜻하는 한편, 나이를 먹어도 정신의 삶이 사춘기 수준에 머무는 어머니

해석, 곧 새로운 것은 언제나 엄청나게 신나고 익숙한 것은 이루 말할 수 없이 지루하게 느껴진다는 말을 연상시킨다.[4] 이런 태도는 과거 경험에 얽매이지 않은 채 새롭고 신선한 연애 상대나 새 직장으로 옮겨가는 데 써먹기 좋다. 이들 역시 익숙하고 지루한 것으로 전락하기 전까지는 말이다.

네이선이 이러한 감정을 설명했을 때 나는 이 문제를 좀 더 깊이 파고들기로 했다. "그런 공포 이면에는 어떤 다른 공포가 숨어 있는 걸까요? 당신은 강한 사람이고, 공포라 해도 이미 무엇인지 밝혀졌다면 충분히 대처할 수 있잖습니까." 이 말에 네이선은 크게 자극받은 듯 감정이 가득 실린 자기 생각을 표현하기 시작했다. "삶은 안전하지 않아요. 사람들은 보이는 것과는 다르죠." 마치 마음속 전혀 다른 쪽 구석에서 나오는 소리처럼 들렸다.

그런 생각이 어디서 나왔는지 묻자 그는 자기 가족이 가난과 싸운 과정, 그리고 완전히 새로운 곳에서 살아남기 위해 몸부림쳐야 하는 어려움에 관해 털어놓았다. 네이선의 가족은 괴로운 현실을 절대로 직접 이야기하지 않았으며, 어떤 감정도 반가워하지 않았다고 한다. 이민자 가족이나 경제적으로 몹시 쪼들리는 가족들이 흔히 그

콤플렉스를 지닌 사람을 가리키기도 한다 - 옮긴이.

렇듯 감정 표현은 사치였다. 그러나 가족이 자신을 찾거나 알아주지 않는다고 느끼고 있던 어린 네이선에게 이런 감정 표현의 결핍은 가족을 있는 그대로 이해할 수 없다는 뜻으로 해석되었다. 이 때문에 네이선은 타자에 대한 믿음을 상당 부분 잃어버렸다.

어린 네이선은 자주 '나는 우리 가족이 아냐'라고 생각했다. 자신이 정확히 누구인지는 몰랐지만 직관적으로 자신에게 희미하게 비쳐 보이는 자기 모습과는 다른 누군가라고 생각했다. 네이선만의 상상의 신화 세계는 이렇게 태어났다. 다른 시대에 태어났다면 방랑하는 기사가 되었을 자급자족하는 영웅, 쉬지 않고 여기저기 바쁘게 떠돌아다니는 고독한 전사. 네이선에게 직업적 성공은 분명 가족의 고생에 대한 보상이었으며, 결혼은 관습에 따라 일찌감치 했다. 지금 헌신적인 관계와 거리를 두려는 목적은 타인이 파놓은 함정에 빠지지 않도록 자신을 지키는 동시에 자신과의 약속을 절대로 지키지 않을 타자에게 또다시 상처받지 않도록 자신을 보호하는 것이다.

이러한 핵심 배경, 다시 말해 나를 함정에 빠뜨리고 배신하며 실망시키는 타자의 이마고를 이해하고 나면, 더는 상처받지 않기 위한 네이선의 전략이 논리적으로 의미를 갖게 된다. 이점이 분명한 이직 제의와 걱정에 싸인 모호한 감정 사이의 갈등으로 말미암아 이 정신논리가 의식적으로 보이게 되었다. 여기서 추측할 수 있는 바와 같이 상처를 의식하고 이에 대응하기 위한 정신논리 전략을 만들어내기 위해서는 이런 역학에 따라 발현되는 공포를 의식적으로 겪어야 한다. 성인인 네이선은 이 고통을 회피할 수는 없지만, 그 고통이 자신의 유년 시절에서 비롯되었다는 걸 이해할 수 있다. 그래서 아이 때는 하지 못했던 대응, 곧 확실한 입장을 취해 대처하는 일이 가능하다. 이제는 성인으로서 제대로 된 연애관계를 맺고 새로운 경력에 도전할 수 있다. 다른 시기 다른 장소에서 형성된 이 마고를 스스로 의식함으로써 지금 여기 존재할 기회, 아이 때는 필요했을지 모르나 지금은 자멸만 초래할 자기방어보다는 삶의 욕구를 충족하기 위한 결정을 내릴 기회가 생긴다.

네이선에게 펼쳐질 앞날은 그리 단순하지 않았다. 이직 제안을 받고 망설이는 동안, 그는 이직 제안에 솔깃했던 이유가 단지 돈과 새 직함에 따르는 특권 때문이었음을 깨달았다. 새 일자리에 따르는 헌신과 책임의 문제를 생각해보던 중 그는 모든 헌신에 뒤따르는 은밀한 공포를 발견했다. 그리고 세 애인 중 한 여성이 멀리 다른 도시로 이사 가기로 하자, 네이선은 자신이 이 여성을 진심으로 사랑하고 있으며 자기가 망설인 것은 다름 아닌 자신의 공포 때문이었음을 깨달았다. 지금 네이선은 그녀와 함께하기 위해 같은 도시로 옮겨 그곳에서 새 사업을 시작할지를 진지하게 고민하고 있다. 대단히 파격적인 전개가 아닐 수 없다.

이제 네이선은 원가족으로 인한 압박감에서 벗어났다. 문제의 핵심은 어떤 일을, 어떤 애인을 택하느냐가 아니라 자신이 성장하기 위한 수단을 가지고 있느냐였다. 일단 실마리를 찾으면 나머지 부분은 상대적으로 해결하기 쉽다.

상처받은 에로스를 위한 질문

상처받은 에로스를 의식한다는 과제 안에는 자기와 타자를 향한 몇 가지 질문이 숨어 있다. 스스로에게 이 질문을 던지지 않는다면 상대에게 이런 질문을 받게 될 것이며, 시작과 동시에 벽에 부딪힐 것이다.

1. 관계에서 내가 상대에게 의존하는 부분은 무엇인가?
2. 내가 성인으로서 직접 해야 하는데도 상대에게 해달라고 요구하는 것은 무엇인가?
3. 과거 경험으로 인해 형성된 태도와 행동 패턴이

어떤 식으로 내게 계속 압박을 가하는가?

4. 상대의 감정적 안녕에 책임감을 지나치게 많이 느끼는가? 나 자신의 여정을 희생해서라도 상대의 여정까지 짊어지려 하는가? 만약 그렇다면 이유는 무엇인가?

5. 나는 나의 선택이 행복을 가져다줄 것이라고 생각하며 사는가? 그렇지 않다면 언제 나의 행복을 위한 선택을 할 계획인가? 내가 자신의 삶을 살지 못하도록 방해하는 공포나 타인의 허락 또는 낡은 행동 습관이 있다면 무엇인가?

6. 나는 고통을 겪는 일을 어떤 방식으로 회피하려 하는가?[5]

우리 영혼을 직접 겨냥한 이 질문들은 낡은 상처를 자극하고 자기방어를 시험하며, 연애 상대에게 우리가 사용하는 전략도 설명한다. 그리고 우리의 연애관계가 상처받는 이유는 물론, 자신을 먼저 치유함으로써 관계를 치유하는 방법도 알려준다.

물론 에로스에 상처가 생기는 걸 피할 수는 없다. 이런 상처에 자극받아 위대한 창작물을 만들어내거나 선천적 욕구를 승화시켜 문화에 이바지한 사례도 많다는 사실 역시 인정할 필요가 있다. 역사적으로 문명은 에로스를 수없이 다양한 방식으로 표현하며 발전했다. 400년이 넘는 세월을 들여 대성당 하나를 짓는가 하면, 추상적 가치를 수호하기 위해 군인들이 목숨을 바치고, 관습을 지키기 위해 자신을 희생하는 일은 날마다 수없이 일어난다. 그러나 이 모든 사례에서 상처를 받는 것은 개인의 영혼이다. 영혼의 자연스러운 욕구를 단순히 표출했다는 이유만으로 평생에 걸쳐 죄책감과 억압에 시달려야 했던 사람이 얼마나 많은가? 자신의 운명을 따랐다는 이유만으로 벌을 받거나 심지어 목숨까지 바쳐야 했던 사람은 또 얼마나 많은가?

억압적 이데올로기나 불안한 사회제도, 지도자의 공포정치 속에 파멸한 모든 이에게 엄숙하게 애도를 표할수도 있다. 사랑을, 그리고 개인의 가능성을 펼쳐보지 못한 채 집단의 무게에 희생당한 사람들을 기리며 슬퍼할수도 있다. 그러나 결국 우리 역시 전일성을 향해 자신의 길을 걸어야 한다. 에로스에 이미 생긴 상처는 영원히 짊어지고 갈 수밖에 없지만, 우리는 성인으로서 이 상처에 책임을 져야 한다. 상처를 의식하고 치료함으로써 나와 타인을 자신의 정신적 병리에서 해방하는 일은 우리 자신의 책임이다.

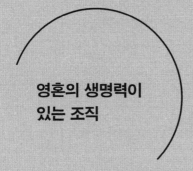

5장

관계의 확장

영혼의 생명력이
있는 조직

모든 삶은 관계다. 지금까지 살펴본 대로 우리가 타인과 맺는 관계의 질은 우리 자신과의 관계가 발전한 정도에 비례하며, 우리 자신과의 관계는 보통 원초적 타자와의 관계에서 생긴 결과로 우리 내면에 자리잡는다.

다시 말해 우리는 지금과 다른 시기 다른 장소에 해당하는 역학을 끊임없이 현재로, 그리고 지금의 관계로 전이한다. 마찬가지로 타인도 자신의 심리적 이력을 우리에게 전이한다. 그러므로 우리는 혼자일 때조차 관계의 역학에서 절대 자유로울 수 없다. 우리는 깨어 있는 대부분의 시간 동안 가족, 직장, 사회제도 등의 집단 구조와 관계를 맺는다. 그렇기에 자신이 맺는 애정관계의 성격뿐만 아니라 집단의 일원으로 살아가는 삶의 역동 또한 고려하는 게 중요하다.

사회학자들은 사회society와 공동체community를 분명하게 구분한다. 사회란 장기적 또는 단기적으로 같은 목적을 달성하기 위해 사람들이 조직한 집단을 말한다. 비행기를 같이 타고 가는 낯선 사람들도 일시적으로 사회를 형성한다. 한 장소에서 다른 장소로 이동하는 것이 목적 또는 동기이기 때문이다. 운항 도중에는 잠이 들 수도 있고, 차창 밖을 내다보거나 (운명에 따라) 주변 다른 승객과 대화를 나눌 수도 있다. 목적지에 도착하면 승객들이 각자의 길로 흩어지면서 일시적으로 결성된 사회는 해체되며 다시 만들어지지 않는다. 따라서 사회는 구성원이 같은 목적을 위해 헌신하는 동안에만 유지되는 연약한 조직이다. 해당 목적을 달성하거나 구성원이 흥미를 잃으면 사회는 해체된다.

사회의 구성원이 공통으로 초월적 경험transcendent experience을 하면 공동체가 생성된다. 초월적 경험이란 각 구성원이 서로를 고립에서 구해내어 변화를 위한 과정에 참여하는 일을 말한다. 예를 들어 위의 비행기가 추락한다면 생존자들은 공동체를 경험할 것이다. 비행기의 추락은 초월적 만남의 계기를 제공할 만큼 커다란 사건이기 때문이다. 각자는 여전히 개인으로 남아 있지만, 이제는 자신이 겪은 초월적 경험과 심리적 동일시가 이뤄진 상태이기 때문에 그전과는 다른 존재다. 이는 역사와 조상, 신화를 공유하며 수직적(시간적) 차원에서 각 개인을 공동체와 연결하는 부족적 경험의 본질과도 통한다. 하지만 앞서 살펴보았듯이 공동체에서도 초월적 역사와의 연결이 사라질 위험성은 존재한다. 이때 공동체는 사회로 넘어가며, 구성원을 오랫동안 결속할 힘을 잃어버린다.

공동체에서 사회로의 변화를 보여주는 주목할 만한 사례로 키오와Kiowa 인디언 부족국가의 해체가 있다. 들소 사냥 능력이 탁월한 키오와족은 들소와의 토템 관계를 통해 신과의 연결을 유지하면서 번성할 수 있었다. 사냥 전후로 기도를 올리고, 신에게 경의를 표하는 마음으로 들소의 모든 부위를 신에게 바치는 등 들소를 토템으로 하는 초월적 연결을 통해 부족을 결속했다. 그러나 들소 떼가 사라지면서 부족을 지탱하던 신과의 연결이 끊기고, 키오와족은 해체되어 백인문화에 흡수되고 말았다. 이 사례는 공동체가 공동의 목적을 상실하면 어떻게 되는지에 대한 교훈을 준다. 이러한 현상은 주류 문화에서도 명백하게 나타난다. 범죄, 사회적 아노미anomie,* 중독, 소시오패스 등은 공동체가 붕괴했음을 요란하게 보여주는 사례다. 지금 우리가 사는 곳은 사회일 뿐 공동체가 아니다.

사람들은 보통 일하는 환경을 공동체가 아닌 사회로 경험하며, 그 차이 때문에 고통받는다. 우리가 일하는 곳은 대부분 재화나 용역을 제공한다는 목적을 중심으로 구성되었으나, 이를 생산하는 노동자는 일반적으로 해당 재

---

* 사회적 혼란으로 규범이 사라지고 가치관이 붕괴하며 나타나는 사회적·개인적 불안정 상태 – 옮긴이.

화나 용역과 동일시되지 않는다. 내 친구 하나는 대형 식품회사에서 일했는데, 휴식시간에조차 동료와 쿠키 이야기만 해야 할 것 같은 강박감 때문에 결국 그만뒀다고 말했다. 다른 대기업에서 근무했던 이들에게서도 이와 비슷한 이야기를 듣는다. 이것도 분명 일종의 신화겠지만, 어떤 재화나 용역도 영혼을 채우지는 못한다. (생산이라는) 당장의 목표만으로 움직이는 조직은 구성원에게 의미를 부여하고, 초월적 경험에 참여하며, 꼭 필요한 공동체의 일원이 되게 만드는 통시적 차원의 요소가 당연히 부족하다. 한마디로 이런 조직에는 영혼이 없다.

'영혼'이 무엇인지 쉽사리 정의할 수는 없지만, 우리는 분명 영혼이 존재하거나 없는 상태를 경험한다. 우리는 자신의 의지와는 상관없이 직장에서 영혼의 필요성을 느끼며, 영혼을 등한시하는 조직 속에서 괴로워한다. 또 다른 친구는 다국적 대기업에서 인사부장으로 일하는데, 신입 직원이 들어오면 보통 시간을 내어 연설을 한마디 한다. 그가 연설에서 하는 말이 듣는 사람에게는 충격적이며 무신경하게 느껴졌을지도 모르겠지만, 정작 친구는 배려심에서 한 말이었다고 한다. 그의 연설은 이랬다. "회사는 여러분을 사랑하지 않습니다. 여러분이 생산적이며 회사에 돈을 벌어다주는 동안만 여러분을 돈 주고 빌릴 뿐입니다." 자신에게 정말 필요한 것이 무엇인지,

그리고 회사는 자신의 필요를 채워주지 않을 것임을 신입 직원들에게 확실하게 인식시키는 것이 연설의 의도였다. 자신의 삶이나 연애는 스스로 알아서 꾸려야 하며, 회사는 봉급을 주지만 사랑을 주지는 않는다는 사실을 분명히 깨달을 필요가 있었기 때문이다.

자기 영혼과의 연결을 잃어버린 사람은 곤경에 빠진다. 마찬가지로 영혼의 문제에 관심을 기울이지 않는 조직은 재정적 성과와 관계없이 곤경에 빠진다. 현재 기업과 학계에서 일반적 관행인 다운사이징*이나 관리의료,** 최저선 사고bottom-line thinking*** 등으로 인해 영혼은 사라지고 사기는 꺾였다. 다운사이징은 사람들에게서 생계를 빼앗겠다는 걸 완곡하게 표현한 용어다. 관리의료는 사실 관리비용을 말하며, 여기서 이득을 보는 건 보험회사뿐이다. 최저선 사고는 실제로 엉덩이가 머리를 대신하는 듯한 저급한 사고로 이어지는 일이 흔하다.

오래전 미국의사협회는 사회의료보장제도에 반기를

---

* 기업의 업무나 조직의 규모를 축소하는 일 - 옮긴이.

** 진료기록, 비용 등에 따라 치료 행위의 한계선을 정하고, 의료보험 가입자와 의료기관, 의사의 관계를 체계적으로 설정함으로써 건강관리 제도를 총체적으로 관리하는 의료 시스템. 현재 미국 의료 시스템을 이해하는 데 매우 중요한 개념이다 - 옮긴이.

*** 위기 시 최악의 상황을 상정하고 그에 대비하는 사고방식 - 옮긴이.

들고 맞서 싸워 승리를 거뒀으나, 그만 기업 주도의 자본주의에 패배하고 말았다. 그 결과 내가 아는 모든 의사와 임상심리학자, 사회복지사가 자신의 전문적인 진단 및 진료 계획에 보험회사가 딴지를 걸어와 직업적으로나 개인적으로 사기가 꺾이는 건 물론이고 진료의 질도 저하된다고 말한다.

학계는 기업보다 훨씬 앞서 학생들을 어떤 복지 혜택도 없이 저임금 조교 아르바이트로 부려먹으며 재미를 보고 있었다. 학교에서 오랜 세월을 보낸 사람이라면 교수들이 점점 편집증에 냉소적이며 불만 가득한 모습으로 변해가고 있음을 알고 있을 것이다. 분명 자기 연구 주제를 좋아해서 대학에 들어왔을 테지만, 정치적으로나 행정적으로 신경 써야 하는 여러 가지 일이 점점 부담스러워진다. 그래서 학생과 교수 사이의 직접적 관계는 무너지고 생기가 사라졌다. 에로스가 없다는 뜻이다. 에로스가 있으면 배움의 열기가 스스로 퍼진다. 그러나 에로스가 없을 때 학생은 멸시당하는 느낌을 받으며, 전공 분야 자체에 더는 신경 쓰지 않고 성적에만 집착한다. 기업이든 학계든 (둘 사이에 차이가 있기는 하다면) 사기는 떨어지고 의심과 냉소만이 가득하다. 연구기관 역시 공동체와 거리가 멀며, 초월적 가치와는 그 토대가 거의 전혀 무관한 취약한 사회로 전락하고 말았다.

요새는 규모가 그리 크지 않은 기업도 이른바 조직 개발 전문가를 직원으로 채용한다. 이들이 하는 일은 되도록 인간적인 방식으로 직원의 에너지를 동원하여 기업의 목표 달성에 사용하도록 관리하는 것이다. 우리에게는 개인으로서의 목표가 있으며, 이를 위해 에너지를 투자·관리한다. 자신의 에너지가 영혼이 원하는 목표를 향할 때 우리는 안녕감을 느낀다. 반면 리비도가 영혼의 목적성과 맞지 않는 곳으로 향할 때는 신경증에 걸린다. 이와 비슷하게 직원의 에너지 관리가 직원 개인의 진정한 목표에 이바지하지 못하는 조직은 분열에 시달린다. 기업이 신경증을 겪는 것과 같다고 보면 되겠다.

개인 차원의 역동을 기업에 비유한다는 것이 무리라고 생각되는가. 하지만 조직은 구성원이 모임으로써 형성되지만, 단순히 모든 구성원의 합 이상의 의미가 있다. 그리고 개인 사이의 관계에서처럼 기업이 구체화하는 시너지 효과가 직원 개개인의 공헌 이상으로 발전하지 못하는 경우도 있다. 개인이 신경증에 걸리는 것과 마찬가지로 기업의 구성원으로서 우리의 삶 역시 이런 역학이 전이될 때 고통을 겪는다.

프로이트는 《일상생활의 정신병리학 The Psychopathology of Everyday Life》에서 정신병리학적 현상을 관찰하려고 꼭 정신병동을 방문할 필요는 없다고 했다. 우리처럼 평범한 사람들의 일상 속에서 일어나는 망각, 말실수 같은 현상을 통해 쉽게 찾아볼 수 있으니까. 이 현상들은 원초아, 자아, 초자아 사이의 은밀하고 놀라운 갈등을 암시하는 일상 속 사건이다. 이후 융은 우리 내면에서 제 마음대로 기능하는 콤플렉스의 존재를 설명했다. 에너지로 가득한 콤플렉스가 촉발되면 지금과 다른 시기와 장소에서 겪었던 경험이 현재로 전이되어 우리는 의식적으로 선택하는 능력이 떨어지는 동시에 과거의 인질로 전락해버린다.

　무의식 속 내용물은 모든 애정관계를 오염시키며, 콤플렉스가 촉발되었을 때 특히 심해진다. 친밀한 관계는 자연스럽게 우리가 가진 원초적 콤플렉스를 일깨우는데, 육체적 친밀함이 우리가 어릴 적 부모와 가졌던 관계와 가장 비슷하기 때문이다. 그런데 조직 역시 콤플렉스로부터 전이된 권력을 전달받는다. 가장 흔한 예로 부모 콤플렉스와 권위 콤플렉스가 있다. 아이가 자신과 부모 사이의 권력 불평등에서 깊은 인상을 받아 생존전략을 수정하는 것처럼, 회사에서 개인은 과거의 전략을 현재로 전이한다. 이미 알고 있듯이 자연은 우리에게 '투쟁 또는 도피'라는 선택지를 선사한다. 이것이 극단적 형태로 발전하면 싸움 전략은 직원의 공격적 행위나 사보타지sabotage로, 도피 전략은 수동공격적 행동passive-aggressive behavior, 말하자면 직무 태만 및 회피, 약물 남용, 무단결근 등으로 이어진다.

마찬가지로 부모의 권위가 고용주에게 투사될 때 우리는 회사가 우리를 사랑해주고 안정과 더불어 감정적으로 필요한 부분을 충족해주리라 기대하게 된다. 퍽도 그러겠다! 그러나 회사라는 타자가 '엄마의 품' 역할을 해주리라고 무의식중에 기대하는 사람에게 자신이 다운사이징 대상이 되는 것은 언제나 충격적이다. 어린 시절에 무력감과 의존성을 경험하고 나면 회사라는 타자에게 예전에 부모에게 기대했던 힘과 지혜, 애정 어린 의도를 투사하게 되는 것은 자연스러운 일이다. 경험적 현실을 직면하고도 그런 감정 상태가 계속된다면, 이는 투사의 힘이 그만큼 크다는 의미로 볼 수 있다.

내면에 자리잡은 아동기의 경험은 개인 대 개인의 관계뿐만 아니라 조직의 경험에도 전이된다. 자신이 강력한 타자에 휩쓸려 삼켜지는 경험을 하고 나면 우리는 이 강력한 타자를 달래는 법을 배우고, 이것이 극단적 형태로 발전하면 공의존co-dependence이 된다. 공의존은 타자의 이익을 위해 자신의 현실과 안녕을 희생하는 일을 말한다. 직장생활에서 공의존은 상급자에게 대담하게 사실을 알리거나 회사의 발전을 위해 과감하게 먼저 나서지 않는, 그냥 순종하는 직원을 낳는다. 힘의 불균형 상태에서 발생하는 여러 가지 회피 행동은 회사의 안녕에 도움이 되지 않는다. 회사는 소속된 개인이 가능한 한 최대의 공헌을 할 때 건강함을 유지할 수 있기 때문이다. 마찬가지로 어릴 적 버림받은 상처와 함께 그에 따르는 자존감 부족을 경험한 사람 역시 회사의 목표에 공헌하는 데 한계가 생긴다. 이런 사람은 타자에게서 안심을 얻으려는 욕구를 자신의 동력으로 삼기 때문에 칭찬을 갈망하며 상급자에게 아부하는 경향을 보인다.

모든 직원은 직장과의 관계에 일정량의 불안감을 지니고 있다. 직장생활에 최고의 에너지를 쏟아붓지 못하는 사람도 있고, 사기가 높지 않은 사람도 있을 것이다. 앞 장에서 소개한 그레고리의 경우, 직장에서 자신의 리더십의 비밀은 직원이 자신에게 편안함을 느끼게 만드는 능력이라고 이야기했다. 그레고리의 말에 따르면, 그는 자신이 해고해야 했던 직원들과도 친분을 유지했는데 이는 직원들의 자기감을 깎아내리는 게 아니라 올려줬기 때문이다.

잠정인격이 행동, 자기와 타자를 대하는 태도, 그리고 아동기의 불안을 다스리기 위한 반사전략이 모여 이루어졌음을 생각해보면 직장생활에서도 과거의 모습이 보일 수 있다. 기업도 정체기가 있는 것은 놀랄 일이 아니다. 회사라는 조직은 우리의 근원적 인간관계와의 유사성을 작동시킨다. 원가족의 역학을 그대로 모사하며 권위 콤플렉스를 다시 일깨우는 것이다. 그런 이유로 집단은 구성원을 어린아이로 취급하기 일쑤이며 해로운 결과를 낳는다. 종교기관에서는 구성원이 변화를 일으키는 경험을 하지 못하게 막는다. 학교에서는 아이들에게 배움을 불신하도록 가르치며, 정부는 봉사하는 대상이 되어야 할 국민을 오히려 억압한다. 병원은 환자의 병을 악화시키며, 기업은 왜 직원들의 충성도가 낮을까 궁금해한다. 거짓자기 false self가 활성화할수록 과거는 현재에 더 많이 개입하며, 따라서 집단의 분위기도 더 오염된다.

숭고한 생각과 호소력 있는 목적에서 탄생한 조직은 많지만, 시간이 가면서 그 근원 가치가 잊히거나 시대에 뒤떨어진다. 그런 상황에서는 생존과 지위 유지가 최우선이 된다. 기업은 창업 가치를 훼손하며, 구성원의 안녕을 도외시하고 기업의 이익이라는 추상적 개념을 따라 온갖 잔인한 결정을 내린다. 성직자와 교수들은 자신이 없어서는 안 될 존재라 떠들기 바쁘고, 기업 경영자들은 특권을 독식하며 뒤로는 거액의 퇴직금을 챙긴다.

이렇게 되면 이들 기관은 영혼을 잃는 건 물론이고 심지어 사악해질 수도 있다. 아무리 선한 사상도 한쪽으로 치우치고 폐쇄적이 되어 대화의 창이 막히면 사악하게 변한다.

조직으로서의 기관 역시 구성원이 모여 이루어지기 때문에 조직의 리더십이 반영된다. 지도자가 심리적으로 꽉 막혀 있으면 기업 역시 그렇게 될 것이다. 성직자가 자신의 그림자를 의식하지 못하는데 교회가 어떻게 영성을 증진하겠는가? 거짓으로 가득한 기업이 어떻게 대중과 직원의 신뢰를 얻겠는가? 교육자가 자기 내면의 어둠에 빛을 밝히지 못한다면 어떻게 학생을 가르치겠는가? 이에 관해 융은 이렇게 말했다.

> 모든 교육자는…… 자신의 삶을 사는 개인으로서 자기가 가진 최고의 지식을 분명한 의식으로 가르치고 있는지 끊임없이 스스로 물어봐야 한다. 심리치료가 우리에게 주는 교훈은, 치료 효과를 발휘하는 건 지식도 기술도 아닌 바로 의사의 성품이라는 것이다. 교육도 마찬가지다. 올바른 교육을 위해서는 먼저 교육자가 자기를 교육해야 한다.[1]

아이가 짊어져야 하는 가장 커다란 짐은 부모의 무의식적 삶이라는 융의 말대로, 어떤 조직이나 기관에서 개인 차원의 리더십이 가로막힌 부분은 해당 조직이나 기관에 은밀하게 내재된 정신적 짐이라는 형태로 표현된다. 기업의 생명력이 오염되는 것은 개인의 신경증처럼 눈에 띄는 형태로 나타나지 않을지 모르지만, 그럼에도 조직내의 모든 수준으로 침투해 들어간다.

플라톤은 저서《국가The Republic》에서 어떤 사람이 군주로 알맞은지 질문한다. 플라톤은 민주주의자가 아니었으며 '철학자-군주'가 통치해야 한다고 주장하는데, 이 말은 오늘날의 표현으로 '심리적으로 완성된 지도자'라고 옮길 수 있을 것 같다. 이런 사람은 내면의 깊이를 갖추었으며 권력을 계몽된(의식적인) 방식으로 사용할 수 있을 것이다. 익히 알려져 있듯이 권력을 추구하는 이유는 무엇보다도 단지 자신의 불안함을 보상하기 위해서일 때가 많다. 완장을 차고 총을 들어야 힘을 받는 사람이라면 대중의 신뢰를 얻지 못한다. 공직을 욕심내는 사람은 공직에 적합하지 않다. 권력을 원하는 사람은 콤플렉스에 사로잡혀 있으며, 그로 인해 결국에는 주변 모든 사람이 고통받을 것이다. 미국에서 조지 워싱턴, 벤저민 프랭클린, 토머스 제퍼슨 같은 탁월한 인물이 동료 정치인의 요청과 공적인 의무감으로 정치적 수장의 자리에 선출되던 시대는 이미 오래전에 지났다. 오늘날은 여론조사 결과에 맞춰 자신의 가치를 손바닥 뒤집듯 바꾸며, 국민에 봉사하는 게 아니라 자신의 명예를 가장 큰 동기로 삼는 직업 정치인들의 시대다.

조직이 어떤 모습인지는 사장실만 봐도 알 수 있다. 개인의 신경증이 조직에 병리적 징후로 작용하는 전형적인 형태는 나폴레옹 콤플렉스를 가진 키 작은 사장, 카지노에 자신의 이름을 붙이는 카지노 업계의 거물, 사보의 표지를 자기 이름과 사진으로 장식하는 리더 등이다.

예전에 중소 규모의 가족 소유 연예계 기업에서 일하는 재무관리 임원 두 명을 치료한 적이 있다. 기업주 가족의 병리적 문제가 조직까지 침투해 회사는 도산 위기를 몇 번이나 겪었으며, 이들은 임원인데도 심리치료가 필요한 상황이었다. 이 가족은 탐욕스럽고 자기애가 강한 데다 미성숙한 인격의 보유자들이었다. 그들은 회사의 유동자산을 쥐어짜냈으며, 자신들의 부를 과시하느라 회사 전용기까지 구입했다. 자기절제라고는 모르고, 무엇 하나에도 제대로 오래 집중하지 못했으며, 즉각적 만족감만을 좇을 정도로 성숙함과는 거리가 멀었다. 두 내담자는 회사를 유지하는 데 각자 그리고 공동으로 책임을 지고 있었으며, 몇 번이나 기업주 가족을 위기에서 구해준 적이 있었다.

이런 상황에서 심리치료는 얼마나 효과가 있을까? 그냥 이직하는 게 낫지 않을까? 어떤 심리치료사든 내담자가 자기절제를 할 줄 모르고, 제대로 오래 집중할 능력이 부족하며, 즉각적 만족만을 원하는 데다 자신의 행동이 가져오는 결과에 대해 무책임한 태도를 보인다면 심리치료를 시작해선 안 된다고 할 것이다. 이런 내담자가 어쩌다가 치료를 받겠다고 해도 함께 작업하려 하지 않을 것이다. 이런 사람들은 회사와 직원들까지 병들게 할 뿐이다. 게다가 이런 사람들은 자신의 성향 때문에 최악의 상황을 경험하더라도 성격이 변하지 않는다. 때로는 치료해야 할 경우도 있지만 그냥 내버려둬야 하는 경우도 있다. 두 내담자 모두 불가능한 기대 속에서 근무해오다 문제가 생겼으며, 반성이라곤 모르는 타인 때문에 계속 고통받기보다는 자신을 먼저 구제하기로 결심했다.

반면 제조업체의 3대째 경영자인 한 내담자는 상황이 좀 달랐다. 에드워드는 회사와 떨어진 지역에서 자기가 좋아하는 일을 하며 살았지만, 아버지가 은퇴한 뒤 회사는 물론이고 회사 이익과 직결되는 대가족의 생계까지 책임지게 되었다. 가족의 기대가 너무 컸기 때문에 에드워드는 자신이 하던 일을 희생하는 게 당연하다고 생각했다. 치료를 시작했을 때 에드워드는 우울증이 심했으나 그 이유조차 알지 못했다. 그러나 치료 시작 후 얼마 지나지 않아 예전에 하던 일을 못하게 된 게 문제였다는 사실이 분명하게 드러났다. 그는 이 갈등을 내면 깊이 안고 있었으며, 자기가 좋아하는 일을 잃어버린 대가에 관한 꿈을 꾸곤 했다.

몇 달 동안 꿈에서 똑같은 메시지를 받으면서 에드워드는 꿈을 믿게 되었다. 대가족의 생계는 여전히 자신의 책임이라고 생각했지만, 자기 내면의 분열 상태 역시 계속 의식하고 싶어했다. 이 글을 쓰는 지금 에드워드는 먼저 회사를 일정 궤도에 올려 가족을 안정시킨 다음 명예롭게 떠나겠다는 현실적인 5개년 계획을 세웠다. 이제 일상업무 관리자를 채용해서 장기 전략을 세우는 한편 개인 계획까지 관리할 여유가 생겼다. 사무실을 좀 더 보기 좋게 꾸미는 것은 물론, 악기를 연주하거나 글을 쓰거나 책을 읽을 개인 공간도 임대했다. 가족도 이 비밀 공간의 존재를 알지만 거기에 들어가지는 못한다. 이런 식으로 에드워드는 자신의 영혼과 집단에서의 책임을 모두 챙기고 있다. 참고로 회사는 유례가 없을 정도로 잘나간다고 한다.

대다수 조직은 직원들의 삶의 질에 관한 문제를 무시한다. 관리자는 대부분 거기까지 신경 쓸 필요가 없으며 쓸데없는 비용 낭비에 불과하다고 여길 것이다. 그러나 깨어 있는 시간 중 절반을 그런 분위기 속에서 보내야 하는 근로자들은 의욕이 떨어질 것이고, 이는 조직의 생산성을 좌우한다. 진정한 최저선 사고라면 직원들의 삶의 질 문제에 좀 더 신경 쓸 것이다.

나는 한때 대학교에서 강의한 적이 있다. 건축 디자인으로 상까지 받은 그 캠퍼스는 회색의 일직선 복도에 강철과 유리로 지은 구조물, 그리고 벽을 갈아끼울 수 있는 건물들로 구성되었다. 기능적으로 우수하고 주변 숲과도 흥미롭게 조화를 이루었지만, 교육이라는 목적에는 맞지 않는 디자인이었다. 획일성과 이동성, 호환성과 꾸준한 흐름을 강조하는 이런 디자인이 적합한 곳은 공항이지 그 토대와 중심, 연결성이 교육이라는 사명과 복잡하게 얽히는 대학 캠퍼스는 아니다. 공교롭게도 근처에 대형 군용 비행장이 있어서 나는 언젠가는 747 여객기가 대학 캠퍼스 주차장에 착륙하고 건물 복도들은 수하물 센터를 찾는 탑승객으로 북적대지 않을까 상상했다.

이런 구조를 가진 건물에서 수년간 일하다 보면 지루함과 우울감이 쌓인다. 이 대학교에는 총장이 세 명 있는데, 나는 이들 모두에게 회색뿐인 벽에 다른 색깔만 좀 더해도 강의실과 복도가 훨씬 따뜻해 보일 것이라고 제안했다. 아마 그들은 내가 정신이 나갔으며, 그런 데 돈을 들일 이유가 없다고 생각했을 것이다. 대학교 안에는 특정한 작업을 수행하기 위해 조직한 협회가 하나 있긴 했지만 공동체라고는 없었다.

기관이든 대학교든 어머니 역할을 할 의무는 없지만, 지도자가 조직의 생존은 어느 정도 자신이 주관하는 이들의 안녕에 달려 있다는 생각을 하지 못한다면 문제가 생긴다. 직원 지원 프로그램 같은 건 좋은 신호다. 도움이 필요한 사람에게 완전한 비밀을 보장하면서 징벌과 상관

없는 결과를 선사하기 때문이다. 또한 스트레스와 정신질환, 약물 남용 등으로 직원이 근무시간에 업무를 제대로 보지 못하는 시간을 합친 것보다 지원 프로그램 운영 비용이 훨씬 덜 들 것이다. 마찬가지로 색상과 음향, 향기와 질감 등도 기분과 사기에 영향을 준다는 사실은 익히 알려져 있다. 그러므로 근무 공간을 설계할 때 이런 요소에도 신경 쓰는 것이 상식이다.

소통방식 또한 직원과의 관계에 적잖은 영향을 끼친다. 직원의 의견과 제안에 주의 깊게 신경 쓴다면 사기 진작은 물론 협동심과 애사심을 고취하는 효과가 있을 것이다. 교육기관을 하나 인수한 사람이 있었는데, 처음 며칠 동안 주요 직원들을 면담했다. 해당 직원이 어떤 사람이며 가족은 어떤지, 관심 사항은 무엇이며 가장 공헌할 자신이 있는 분야가 무엇인지 등을 알아보기 위해서였다. 그는 어떻게 하면 잘되고 어떻게 하면 안 되는지 자신보다 직원들이 더 잘 알 것이라고 말하면서 직원들의 깊은 속내를 이끌어냈다. 이렇게 직원들과 상담함으로써 그는 훨씬 중요하고 유용한 정보와 제안사항은 물론 직원들의 열의까지 얻어낼 수 있었다. 당연한 결과로 보일지 모르겠지만, 실제 직장에서 이런 대우를 받는 사람이 과연 얼마나 되겠는가?

직원이 자신의 비전을 갖고 제안사항을 상사와 공유

하며, 상사는 그 내용을 진지하게 고려하도록 권장한다면 회사 전체의 사기가 눈에 띄게 높아진다. 우리 아버지는 오래전에 공장 생산라인에서 일했는데, 그때 생산성과 직원 사기 향상에 도움이 될 새로운 직원 보상 시스템을 고안해냈다. 노조와 경영진 모두 이 시스템을 따르면 두 마리 토끼를 잡을 수 있다는 사실에 동의했지만, 익숙하지 않은 변화를 꺼린 나머지 결국은 채택을 거부했다. 변화를 택할 때 어떤 결과가 나올지 예측하고 통제할 수 없다는 이유로 이들은 회사와 직원의 정신건강에 도움이 되지 않는 낡은 패러다임에 계속 갇히는 쪽을 선택한 것이다. (모두가 동의하지만 실제 결과는 정반대였다는 점에서 이 또한 애빌린의 역설 같다.)

개인이 맺는 관계와 회사가 맺는 관계 사이의 유사성을 좀 더 확장해보면, 직장에서의 삶을 치유하려면 개인의 치유 과정과 비슷한 방식을 택해야 한다는 결론이 가능할 수도 있다. 융은 일찍이 신경증은 삶의 비전이 위축되었다는, 다시 말해 세계관이 폭넓지 못하다는 징후를 보여준다고 주장했다. 회사가 치유되려면 관리자가 영혼의 문제에 접근할 수 있어야 한다. 그리고 자신의 영혼 문제에 접근해본 적이 없는 관리자가 회사를 위해 그렇게 할 것이라고 기대해서는 안 된다. 융이 여러 차례 경고한 대로 내담자와 심리치료사는 심리치료사가 움직이는 만큼만 동행할 수 있다. 그러므로 집단의 치료에 기여하려면 먼저 자신의 치유라는 문제를 해결하려는 의지가 반드시 있어야 한다.

이는 확실히 엄청난 요구사항이다. 오늘날의 기업 문화에서는 이익과 손실이 정량적으로 표시되고, 주주 만족이 최우선이며, 아무도 공격하지 않으면서 일에만 충실해야 바람직하다고 인식되기 때문이다. 그러나 플라톤이 《국가》에서 설파한 대로, 통치자의 건강과 국가의 건강 사이에는 뗄 수 없는 관계가 있는 법이다.

개인으로서든 관리자로서든 우리는 모두 '개인의 그림자'라는 문제를 탐구해야 한다. '내가 내면에서 직면하지 못하는 것은 무엇이며, 이는 어디를 통해 새어나오는가? 우리를 움직이는 콤플렉스는 무엇인가? 타인에게 권력을 행사하는 일은 내게 어떤 의미인가? 나는 어떤 불안감을 보상받으려 하는가?' 누구에게나 어려운 질문이지만, 외부 사항을 관리하고 내부 사정을 숨기는 훈련을 주로 받은 사람에게는 특히 힘들 것이다. 이런 문제를 숭고하고 파격적이며 진지하게 숙고한다면 회사 분위기가 놀랄 정도로 바뀔 것이다. 우리에게서 발생하는 에너지는 타인에게도 항상 영향을 끼치며, 때에 따라서는 타인을 심하게 감염시키기도 한다. 우리 주변 세상은 우리가 개인으로서 가지는 에너지가 건강한 만큼 긍정적으로 바뀔 수 있다. 친밀한 관계에서도 근무환경에서도 말이다.

　　개인 수준에서도 다루기 힘든 문제인데 회사의 삶을 정신분석하는 일이 과연 가능할까? 불가능할지도 모른다. 하지만 회사는 이러한 질문을 무시하는 바람에 모두에게 해를 끼치는 장소가 되어버렸다. 이런 장소에서 영혼의 문제에 접근하려면 먼저 조직의 의식 수준을 높여야 한다. 지금은 사람을 치유하는 직종조차 영혼에 대한 배려가 아닌 경제적 가치가 지배한다. 생각해보라. 북미 지역에서 활동하는 심리치료사 중 정신역동을 주로 다룬다고 스스로 말할 수 있는 사람, 다시 말해 내면의 심층을 지향하며 의식과 무의식의 상호작용에 관심을 가진 사람이 과연 얼마나 될 것 같은가? 내가 알기로는 극히 소수에 불과하다. 10퍼센트 정도나 될까. 그 나머지는 행동수정behavioral modification,* 인지재구축cognitive restructuring,** 정신약리학 psychopharmacology*** 분야에 몸담고 있을 것이다. 이들 분야

---

* 행동주의 심리학의 원리를 현장의 필요에 맞게 응용하는 분야. 조건화, 혐오치료, 상호억제, 이완훈련 등 기본적 학습 기법을 적용하여 긍정적 패턴이 증가하거나 부정적 패턴이 감소하도록 행동을 수정한다 - 옮긴이.

** 인지행동치료와 연결되어 사고, 신념, 태도 등의 인지와 행동 및 정서적 규칙에 도움이 되지 않는 패턴을 변경하는 과정을 가리킨다 - 옮긴이.

*** 인간의 정신 기능에 영향을 끼치는 각종 약물의 약리 작용과 임상적 적용을 연구하는 학문 분야 - 옮긴이.

는 분명 기여하는 바가 있지만, 우리를 가장 괴롭히는 '의미'에 관한 질문을 무시한다는 공통점이 있다. 융이 말한 대로 "심리치료를 임상 실행하는 일이란 우리가 초자연적 경험을 하지 못하도록 막는 데만 골몰하는 임시변통 수단일 뿐"일 때가 있다.[2]

의미를 찾는 것은 인간의 근본적인 특징이므로 이를 무시하면 비극이 초래될 수 있다. 그리스어로 영혼이 프시케psyche라는 점을 떠올려보면, 현대 심리학에서 대부분 정신과의 연결이 끊어져버렸다는 역설적 상황은 황당하며 충격적이다.

결국 개인 수준이든 회사 수준이든 영혼을 다뤄야 치유가 된다. 이는 '영혼이 내게 요구하는 내용은 무엇인가?'라고 진지하게 꾸준히 질문하도록, 그리고 자신의 능력을 최대로 빌휘하도록 하는 것이 그 목적이 되도록 자아를 훈련시킨다는 뜻이다. 현대 심리학은 영혼이 던지는 거대하고도 힘든 질문에 겁을 먹은 나머지 그 영역을 스스로 위축시켰을 뿐만 아니라 종종 자신의 본래 사명마저 사소한 것으로 치부해버렸다. 현대의 조직생활은 영혼의 문제에 거의 다가가지 않는다. 자기 앞에 놓인 분기 보고서의 압력에 짓눌려 영혼은 잊히고, 실제로 남는 결과는 언제나 손실뿐이다.

집단에 어떤 수준으로 참여하든 우리는 모두 의미에

관해 더 많이 질문할 용기와 의지를 찾고, 자아 상실에 반기를 들며, 다시 한번 영혼을 위해 일어설 담대함을 회복해야 한다. 융은 삶이 "두 가지 거대한 신비 사이에서 일어나는 짧은 에피소드"[3]라고 말했다. 개인 수준에도 조직 수준에서도 우리의 과제는 이 짧은 삶 속에서 에너지를 낭비하지 않는 것이다. 이 과제는 집에서 시작되지만, 우리는 이 과제를 세상으로까지 이어나가야 한다.

6장

당신 안의 신

물보라 같은 눈길이
낙원을 향하다

우리를 시간에 묶어라, 오 또렷한 계절과 경외여.
오 카리브해의 불 속을 떠도는 음유시인의 범선이
여,
우리를 지상의 해안에 전하지 마라
천국을 향해 동그랗게 뜬 물개의 물보라 같은 눈
길이
우리 무덤의 소용돌이 속에서 답을 얻을 때까지
는.

_하트 크레인,《항해》

앞에서 살펴보았듯이 우리는 아이 때 원초적 관계라
는 현상학적 경험을 거치면서 타자의 이마고가 내면에 프
로그래밍된다. 이 이마고는 개인의 친밀한 관계와 집단의
관계에 늘 존재한다. 그렇다면 절대 타자Absolute Other, 전
통적으로는 '신'이라고 하는 존재와 맺는 관계에도 같은
과정이 존재한다고 가정하는 게 합리적이지 않을까?

여기서부터는 좀 위험해진다. 특정한 종교적 전통과

연관된 사람이라면 절대 타자는 분명히 존재하며 이는 개인이 "거울로 보는 것같이 희미하게"(고린도전서 13:12) 인지하거나 역사 속 각종 계시적 사건을 통해 알 수 있다고, 또는 성경 구절 속에 구체적으로 나타나 있다고 주장할 것이다. 우리가 가진 종교적 태도는 대부분 부족이나 전통을 통해 전수받은 것임에도 즉각적이고 내재적이며 경험적이기 때문에 이론의 여지가 없다. 실재하는 다른 대상과의 만남은 우리의 감수성을 넓혀주지만(관계의 주요한 기능이기도 하다), 다른 사람이 경험한 실재에 문제를 제기함으로써 발전하는 일은 거의 없다. 그리고 이 '실재'에 경계를 만들고 보호하는 것은 콤플렉스이기 때문에 독단적 자기방어라는 함정에 빠지기가 훨씬 쉬워진다.

프로이트는 종교적 경험이라는 생각에 우호적이지 않았다고 알려져 있으며, 이는 종교적 경험을 주제로 한 주요 저서에《환상의 미래The Future of an Illusion》라는 제목을 달았다는 점을 봐도 알 수 있다. 프로이트에 따르면 종교란 적대적인 자연 속에서 자율성을 보장받으려는 인간의 존재론적 욕구에서 등장했으며, 문명은 집단의 안전 같은 추상적 목표를 위해 본능을 포기함으로써 생겨났다. 이 두 가지 목표, 그러니까 불안정한 세상에서 안전하다는 '환상'을 만드는 일과 그런 추상적 관념을 '의무'로 만드는 일은 본능 충족 행위가 갖는 자기애적 성격을 통제하고 인도한다. 프로이트는 "문명의 주된 과제이자 실질적인 존재 이유는 우리를 자연으로부터 지키는 데 있다"[1]라고 결론 내렸다.

따라서 프로이트의 결론은 신이 존재하지 않더라도 우리는 신이라는 존재를 만들어내야 할 것이라는 볼테르Voltaire의 주장과 일치한다. 그러나 어떤 신을 만든단 말인가? 여기서 프로이트는 아동기에 겪는 부모와의 경험이 우주로 전이된다고 단언한다. 친밀한 관계에서 부모와의 경험이 (정신역동과 더불어) 이마고의 형태로 상대에게 투사되는 과정을 살펴본 우리에게는 이런 주장이 낯설지 않다. 프로이트는 이를 전이환상transference illusory이라고 봤는데, "환상의 특징은 인간의 소망에서 파생된다는 것이며, 이 점에서 환상이란 정신병적 망상과 비슷하기 때문"이다.[2] 그러므로 신이라는 관념은 소망을 충족하는 수단으로서 감정적 호소력을 가지며 외부 검증이 굳이 필요 없다.

그러나 프로이트는 자신의 방법론 자체에는 환상이라는 요소가 없다고 생각함으로써 자가당착에 빠진다. "우리에게 자신 외부에 실재하는 지식을 전달하는 유일한 길은 과학적 작업뿐이다"[3]라는 생각 역시 프로이트가 저지른 착각 중 하나다. 영적 직관gnosis, 곧 우리가 예술이나 지식 구조, 신비적 경험 등을 통해 찾을 수 있는 즉각적이고 직접적이며 현상학적인 경험의 실재를 무시하고 있기 때문이다. 프로이트는 종교적 주장을 완벽한 부모(현명하고 자신을 보호하며 양육해줄)를 바라는 아이의 환상 같은 수준으로 깎아내린다. 뿐만 아니라 아이일 때 우리는 타자가 자신을 싫어하게 될지도 모른다는 공포 또는 우리에게 힘을 행사하는 타자를 향한 은밀한 적개심을 갖기 때문에 죄책감이 생겨날 수도 있다.

프로이트는 우리가 어릴 때 겪는 관계의 역동은 우주로 전이되면서 어린아이처럼 변한다고 생각했다. "따라서 종교는 인간에게 보편적인 강박신경증obsessional neurosis일 것이다."[4] 종교란 일종의 강박, 곧 원하지 않는데도 절박하게 드는 생각으로서 개인이 성장하지 못하게 만들며, 개인과 사회를 어린 시절에 가졌던 퇴행적 관점의 늪에 빠뜨린다. 프로이트에 따르면 인류는 '하늘에 계신 우리 아버지'에 대한 의존을 버리고 스스로 성장하여, 자신의 모습 그대로 우주와 직면함으로써 환상 없이 실재를 포용할 용기를 가져야 한다.

종교의식 그 자체는 개인의 삶에서 어떻게 작용하느냐에 따라 진보적인지 퇴행적인지 판단할 수 있다. 종교의식을 통해 비전이 넓어지고, 자신의 사회심리적 발달에 도움이 되며, 우주와 공동체에 의미 있는 연결이 생긴다면 종교는 심리적으로 건강하다고 말할 수 있을 것이다. 반면 종교적 태도로 말미암아 죄책감과 의존성, 양극성 사고, 그림자의 투사 등이 늘어나고 개인의 책임을 수용하지 못한다면, 이때 종교는 건강하지 못한 존재다.

프로이트의 주장이 대부분 정확하다는 사실은 인정해야 한다. 종교적 믿음으로 인해 수많은 학살극이 벌어졌고, 사람들이 무지와 노예 상태에서 신음했으며, 부정과 편협함이 정당화되기도 했다. 게다가 인간에게서 나온 것은 모두 인간의 표시가 붙어 있으며, 미지의 대상이라면 의인화하여 표현할 수밖에 없다는 것을 우리는 알지 않는가. 결국 우리가 신에 관해 이야기하는 내용에는 신이라는 신비한 대상 자체보다 우리 자신에 관한 내용이 더 많다. 게다가 여러 신학적 주장에서 어린아이 같은 태도를 발견할 수 있다. 프로이트는 완벽한 부모를 갈망하는 것은 죄가 아니지만, 자신의 불안함을 달래기 위해 스스로 움직이는 우주를 향해 그런 갈망을 하는 일은 환상이라고 주장한다.

그러나 프로이트는 인간의 문제가 대부분 아동기 경험에서 생성된다는 이유로 초월적 경험을 모조리 팽개쳐 버리는 경향이 있다. 프로이트는 아동기 경험 문제에 열의를 가졌으며, 자신도 실제로 그런 콤플렉스를 갖고 있음을 암시하기도 했다. 그는 율법적 성격이 강했던 가족의 과거에 반항하여* 19세기 말 유럽의 시대정신이었던 물질주의와 실증주의에 깊이 빠졌다. 하지만 우리는 자신의 관점을 직접 분석하여 그 안에 숨은 어린아이의 소망을 알아차려야 한다. 연애관계와 집단의 관계에서 그랬듯이, 신과 관련된 믿음 속에서도 분명 어린아이의 모습을 찾아볼 수 있을 것이다. 도덕적으로 그리고 지적으로 용기를 내어 우리가 세상 속에서 맺는 여러 관계에 숨어 있는 '어린아이 같은 생각'과 직면할 수 있다면 절대자에 관한 생각 또한 같은 방식으로 추적할 수 있을 것이다. 프로이트의 주장은 일부 옳다. 그러나 전부가 아니라 일부만 옳다.

반면 융에게 종교적 충동은 어린아이 같은 생각도 소망 충족의 수단도 아니다. 융은 우리가 종교적으로 지니는 갈망은 먹을 것에 대한 갈망과 마찬가지로 본능이라고 생각했다. 융은 이렇게 말했다. "종교란 인간 특유의 본능적 태도로, 그 본능이 표현된 모습은 인간 역사 전체에 걸쳐 찾아볼 수 있다."[5] 종교는 인간이 혁명적으로 발전하면서 생겨났으며, 분명 인간의 의미 탐구 행위가 구현된 대상이다. 인간의 종교성이란 교회나 교리에만 국한되지 않으며, 우리가 깊은 내면을 접하는 곳이면 어디든

---

* 프로이트의 집안에는 랍비가 많았으며 부인 마르타도 함부르크 수석 랍비의 손녀였다 – 옮긴이.

연관된다. 신학자 파울 틸리히에 따르면, 우리의 "궁극적 관심"이 보이는 모든 곳에 종교가 있다.[6] 그러므로 어떤 이에게는 부와 권력을 추구하는 일이 종교가 되고, 다른 이에게는 안전을 향한 갈망이 종교가 된다. 종교성의 표현이 모두 초월성을 고취시키지는 않지만, 모든 종교성의 표현은 자아가 갈구하는 가치를 얻는 데 쓰이는 정신적 에너지에 초점을 맞춘다.

따라서 타자와의 관계에서도 종교적 요소를 만날 수 있다. 사랑에 빠진 사람이라면 당연히 사실이라고 말할 것이다. 또는 무의식에 작용한 종교적 동기가 문화적 대상에 투사된 모습이 보일지도 모른다. 예를 들어 예전에 아버지를 만나러 애틀랜틱시티에 있는 한 카지노를 방문한 적이 있는데, 내게는 카지노가 마치 인류학 연구 프로젝트 같았다. 아버지는 카지노에서 80달러 정도를 땄는데, 우리 주변에는 도박장을 신전인 양 숭배하는 사람 수천 명이 있었다. 애틀랜틱시티의 1년 방문객 수는 뉴욕이나 디즈니랜드보다도 훨씬 많다(1990년대에는 1년에 3,500만 명에 이르렀다). 근본적으로 무의식적이라는 걸 빼면 이들의 특징은 종교 신자와 다를 게 없다. 이들은 타자와 이어지길 원하며('종교'의 어원이 '다시 이어지다'라는 사실을 상기해보라), 일상을 초월하고 싶어할 뿐 아니라(수평 같은 하루하루에서 벗어나기 위해 수직 이동하는 비행기에 몸을 맡긴다) 변화(확장되는 경험)를 갈망한다.

이어짐, 초월, 변화를 향한 갈망은 분명 깊은 종교적 욕구라 할 수 있다. 사람은 돈으로만 만족하는 존재가 아니라는 사실을 짧은 시간 동안이나마 이들 현대의 순례자들에게서 발견할 수 있었다. 환상이 너무나 강력해서 이들 중 대부분은 몇 번이고 또다시 올 테지만 말이다.

이 글을 쓰는 지금 대중의 일반적 활동과는 좀 다른 일이 펼쳐지고 있다. 영국 다이애나 왕세자비의 장례식이 오늘 있었으며,* 장례식 영상은 전 세계의 가정으로 송출되고 있다. 상황이 주는 장엄함은 물론이고, 영국 대중이 이렇게 놀랍도록 강렬한 감정을 분출하며 너나 할 것 없이 초월적 경험으로 하나가 되는 모습을 보인 것은 2차 세계대전 중이던 1940년대 독일이 영국을 공습하던 이후로 처음이 아닐까 싶다. 이는 단순히 사회정치적 사건이 아니라 영혼의 움직임이자 거대한 정신 에너지의 표출로 기록되어야 할 것이다. TV로 장례식을 보는 사람 중 왕세자비와 개인적으로 아는 사람은 거의 없을 것이다. 왕세자비에 관한 우리의 경험은 대부분 우리의 정신에서 투사된 결과물로, 우리가 거의 의식하지 못하는 원형적인 신화의

---

* 1997년 9월 6일이었다 ─ 옮긴이.

기본 주제mythologem를 극적으로 표현한 형태다. 많은 사람이 공개석상에서 사회적 약자에 대한 지지를 표명하던 다이애나비의 모습에 동일시하는 동시에 남편에게 배신당하고 각종 중독과 섭식장애에 시달리던 그녀의 고된 인생 여정을 기억한다. 모두 자신의 상처와 희망을 자신과는 거리가 멀지만 직접 만나본 사람은 누구나 진심으로 감동했다는 카리스마 있는 인물에 투사한 것이라고 할 수 있다.

대중이 펼치는 드라마 이면에는 대중의 감수성이 대규모로 움직이고 있다. 제국을 세우는 데 기여하고 기득권을 통해 이어지던 옛날의 태도와 방식은 비특권층에 속하는 이들에게 단절당했을뿐더러 현대의 유럽 공동체에도, 사이버공간에도, 그리고 전 지구적 공동체에서도 설 자리가 없어 보인다. 한 TV 해설자의 코멘트가 이를 단적으로 보여준다. "국민은 선거 따위 치를 필요도 없고 스코틀랜드에서 뇌조 사냥이나 하며 살면 그만인 트위드 코트를 입은 귀족 신사 같은 것에는 이제 질렸으니까요." 다이애나비는 새롭게 등장한 대중의 감수성을 상징하는 존재이며, 대중이 그녀의 장례식장에서 보인 애정과 애도의 표현은 영국의 미래를 놓고 일반 대중을 대상으로 벌인 국민투표의 결과와도 같다.

그러나 마치 존 F. 케네디 대통령 암살 때의 경험을 방불케 하는 충격과 부정, 실망 속에서 좀 더 원초적인 무언가가 움직이고 있다. 그리고 이는 우리가 내면 깊이 간직한 우주에 관한 생각을 끌어내고 있다. '왜 다이애나비 같은 사람이 대중의 이목을 한 몸에 받으며 파파라치까지 따라다닐 정도로 호기심의 대상이 되는 것일까?'라는 상당히 깊이 있는 질문이다. 이는 우리 자신에 관한 질문이기도 하다. 문명인으로서 그런 질문을 던지지 않은 우리는 다이애나비가 괴로워하며 파멸적 결말을 맞도록 방조한 셈이다.

다이애나비 같은 인물 또는 엘비스 프레슬리 같은 문화적 아이콘에게 거대한 투사를 함으로써 우리는 자신의 역동 중 상당 부분을 확인한다. 카를 야스퍼스Karl Jaspers와 파울 틸리히가 주장한 것처럼, 내면의 영혼이 어떻게 움직이는지 파악하려면 우리가 사는 문화의 산물을 "읽어야" 한다.* 다이애나비의 사망에 대중이 보인 당황

---

* 엘비스 프레슬리는 이제 일종의 종교가 되었다. 그와 관련된 기적의 사례가 전해지는 것은 물론 신실한 순례자가 줄을 잇고, 그의 유물은 성스러운 취급을 받으며 마치 신처럼 그에게 기원을 올리는 사람도 있다. 괴이하게 보일지도 모르겠지만, 예수의 경우를 생각해보라. 불명예스럽게 십자가에 못 박혀 숨을 거둔 죄인이었고 그 추종자들 역시 도망자 신세가 되었던 당시에 그로 인해 형성된 정신적 유대가 이후 2,000년간 지속된 종교로 이어질 것이라고 그 누가 짐작이나 했겠는가? 떠돌이 생활을 하며 교육도 변변하게 받지 못한 육군 상병 출신의 한 오스트리아인이 사회 부적응자들을 선동하여 독일 노동자당을 결성하고 이후 나치라고 불리는 집단으로 발전할 것이

한 감정에서 예기치 못한 상처가 유발한 자연스러운 충격뿐만 아니라 깊은 불신감도 볼 수 있다. 같은 순간에 안타까운 운명에 희생당한 사람이 다이애나비 말고도 수천 명은 있을 텐데 말이다.

이 불신감 속에서 우리는 어디엔가 마법 같은 존재가 있다는 자신의 깊은 환상을 찾아볼 수 있다. 특별하고 초월적이면서도 예외적인 마법 같은 존재가 있다면 우리에게는 희망이 있다. 그러나 다이애나비가 탄 승용차가 파리의 한 터널에서 뒤집히면서 이런 상상은 무너진다. 특별하고 초월적이면서 예외적인 사람이란 존재하지 않는다. 죽음 앞에서는 모두가 평등하며 단 하나의 예외도 없다. 우리의 이성은 이를 잘 알지만 가슴은 여전히 마법 같은 누군가가 있기를 바란다. 그런 존재가 있기만 하다면 그 마법으로 우리 역시 구원받을 수 있을 테니 말이다. 종교나 특별한 존재로부터 나오는 마법이라는 것이 존재하지 않는다면, 우리는 모두 길을 잃거나 두려움에 빠지고 만다.

이런 감정은 새로운 것이 아니다. 성경 속 인물인 욥이 겪는 딜레마에서 그 원형이 뚜렷하게 드러난다. 독실한 신자인 욥은 계율을 준수하며 무슨 일이 닥치더라도

라고 그 누가 생각했겠는가? – 저자.

하나님이 자신을 지켜주실 것이라는 믿음으로 살았다. 자신은 정직하고 성실하게 행동하기 때문에 온 세상도 마땅히 자신을 그렇게 대해야 한다고 생각한 것이다. 야훼는 욥이 자신의 선한 자식이긴 하나 그 순진한 믿음에서 벗어나 성장할 필요가 있다고 생각했던 모양이다. 욥은 가족과 재산은 물론 의식주까지 모두 빼앗기는 시련을 겪으며 신도 자신에게 무언가를 보장해주지 않는다는 사실을 깨닫는다. 욥에게 가장 큰 충격은 자신이 신에게 약속받은 존재라는 믿음이 사라진 것이었다. 우리 모두와 마찬가지로 욥 또한 특별한 계약, 곧 마법을 원했다. 그러나 자신이 원하지도 않고 받을 이유도 없었던 고통을 겪으면서 더 큰 존재로 거듭난다. 순종적이고 신앙심 깊으며 남이 기대하는 대로 행동하는 아이에서 신과의 진정한 만남을 경험한 사람으로 변모한 것이다. 이제 욥은 야훼에게 이렇게 말한다. "내가 주께 대하여 귀로 듣기만 하였사오나 이제는 눈으로 주를 뵈옵나이다"(욥기 42:5). 마법 같은 타자를 찾아 헤매던 욥도, 그리고 그로 인해 고통을 겪은 욥도 전부 우리의 모습이다.

욥의 이야기에서 가장 심리학적인 부분은 대단히 종교적인 부분이기도 하다. 우리는 어려운 여정을 계속해야 할 자신의 책임을 타자에게 미루려 한다. 우리에게 주어진 과제 중 이 부분을 해결하는 것은 욥이 겪은 '성장', 그리고 마법 같은 타인의 도움을 받지 않고 스스로 우주를 마주하는 일과 관련된다.

이번 주 들어서 나는 다이애나비와 같은 영국 출신 극작가 토머스 내시Thomas Nashe가 계속 생각났다. 1789년에 시작된 프랑스혁명 전쟁이 고난 끝에 민주주의라는 교훈을 가져다준 것처럼, 내시에게는 당시 영국을 휩쓸던 흑사병이라는 고난이 있었다. 왕이든 평민이든, 성직자든 판사든, 농민이든 중산층이든, 모든 사람의 목숨이 보이지 않는 공포의 힘에 달려 있었다. 림프절 부분에 검은 가래톳이 돋아난 사람은 길어야 48시간 안에 고통스럽게 세상을 떠났다. 〈역병 시대의 탄원A Litany in Time of Plague〉이라는 작품에서 내시는 누구나 살면서 새삼 깨닫는 교훈을 소개한다. 내시가 신화 속 트로이의 미인을 묘사한 구절은 다이애나비를 연상시키며, 우리 자신의 모습도 떠올리게 한다.

밝은 빛이 하늘에서 떨어지네.
젊고 아름다운 여왕이 세상을 떠났네.
헬레네의 눈은 먼지로 덮였네.[7]

일종의 자연 현상으로서의 영혼이 문화 속에서 표현되는 방식 역시 꿈이나 콤플렉스처럼 분석해볼 가치가 충분하다. 마찬가지로 우리는 명백히 종교적인 현상 속에서 어떤 정신전략이 작동하는지 분석해야 한다. 융은 "'종교'라는 용어는 신성성numinosum*을 경험함으로써 변화한 의식에 따라오는 태도를 나타낸다"[8]라고 말했다. 융은 여러 신학자의 분노를 샀는데, 그가 신성성의 기원이 우리 내면인지, 아니면 '외부의 어딘가'인지 밝히려 하지 않았기 때문이다. 융에 따르면 이는 형이상학적 사유와 개인이 가진 믿음의 문제다. 학자로서 융의 직분은 인간 정신 안에서 어떤 일이 일어나는지 분석하는 데 있으며, 따라서 이는 경험론적이다.

역설적으로 융이 형이상학으로의 비약을 거부한 것은 신이라는 신비를 존중하기 위해서였다. 신성성과 연관되는 numinous(신의 존재와 관련된)라는 단어의 어원은 '윙크하다'라는 뜻의 동사였음을 상기하자. 깊은 내면에 자리잡은 무엇인가가 우리에게 윙크하면 우리가 거기에 응답해야 하는 것과 같다. 이 윙크로 말미암아 우리 안의 원형적 구조가 깨어나 내면의 에너지를 새로운 모습으로 만드는데, 이를 융은 "신의 이마고god-imago"라고 불렀다. (이는 원형이 갖는 기능이지만 내용이 아니라 의도를 전달하며, 특정한 의미를 전달하는 게 아니라 우리가 경

---

* '신의 의지에 따른 것' 또는 '신적인 것'이라는 의미 - 옮긴이.

험하여 '의미 있는 것'으로 인지한 특정한 형태로 리비도를 인도하는 기능이다.)

융에 따르면 신의 이마고는 신이 아니라 '칸트 이후의 시대*에 우리가 겪는 신비한(신과 연결된) 경험'이라는 사실을 기억하자. 신이라는 신비적 존재에 이렇게 경외를 표하는 일은 종교적 태도로 보기에 적절하다. 또한 융은 우리가 자신의 자아가 만들어낸 대상과 쉽게 사랑에 빠지고 은유의 대상을 구체화하여 글자 그대로 해석하는 경향을 경계했다.

> 신은 신비이며, 우리가 신에 관해 말하는 모든 것이 실제로는 인간이 말하고 믿는 것이다. 그 이미지와 개념은 모두 우리가 만든다. 내가 신에 관해 이야기한다는 것은 인간이 만든 신의 이미지에 관해 이야기한다는 뜻이다. 그러나 신이 실제로 어떤 모습인지, 그 자체로 신이 맞는지는 아무도 모른다.[9]

이는 우리 마음은 유한하다는 사실을, 인간의 신학 이론은 로르샤흐검사Rorschach test의 잉크 반점만큼이나 모

---

* 철학의 패러다임이 바뀌고 난 시대 – 옮긴이.

호하다는 사실을, 우리가 정신에 던지는 투사는 의인화된 형태로 각인된다는 사실을, 우리는 신이라는 신비를 문화라는 렌즈와 개인의 신경증을 거쳐 주관적으로 해석한다는 사실을 새삼 깨닫게 해준다. 우리를 겸손하게 만들기에 더없이 적합한 수단이라 하겠다.

아쉽게도 그 옛날 구약성경의 예언자부터 오늘날 TV 속 전도사에 이르기까지 신학의 역사는 '절대 타자'라는 오만하기 그지없는 확신과 자기기만의 역사다. 오늘 아침에도 신과 대화를 나눴다고 떠들어대며 무엇이 옳은 일인지 결정할 권리가 자기들에게 있는 양 굴고, 죄책감에 호소하면서 우리를 자신의 목표에 맞게 순종하도록 강요하는 사람이 있다면 각별히 조심해야 한다.

신의 이마고를 내면에서 전달하는 역할은 융이 말하는 '자기'가 담당한다. 따라서 신이라는 관념은 프로이트가 짐작한 것처럼 부모와 연결될 뿐만 아니라 전일성을 향한 우리 자신의 갈망과도 이어진다. 우리는 신이 되기를 욕망하는 게 아니라 우리 자신의 신성을 표현하고 싶어한다. 전일성이 우리 자신의 신성이기 때문이다. 신은 절대 타자, 또는 카를 바르트의 표현으로는 '완전한 타자'로 남아 있기에 신을 있는 그대로 알 수 없지만, 우리는 자신에게서 암시적으로 보이는 전일성을 통해 신의 전일성을 직관으로 파악할 수 있다. 여기서 자아의 역할은 반대되는 것 사이의 균형을 맞추어 우리가 진실과 마주하도록 돕는 것이다.

융이 신경증에 관해 내린 가장 간단명료한 정의는 '성격의 편파로 인해 생기는 결과'다. 절대 진리가 무엇이든 간에 우리는 양극을 가진 대상을 통해서만 이를 경험할 수 있으며, 종교인들은 이 점을 가끔 잊어버리는 듯하다. 사소한 진실은 쉽게 모순에 빠지나 거대한 진실은 그 역 또한 진실이다. 융이 말한 대로 "자기Self는 반대되는 것 속에서, 그리고 이들이 일으키는 갈등 속에서 나타난다. (…) 그러므로 자기로 통하는 길은 갈등에서 시작된다."[10]

그러나 갈등은 자아에게 골칫거리이기 때문에 우리는 반대하는 목소리를 억압하고 분열시키거나 우리의 숨은 목적에 맞게 왜곡시키는 등 다양한 책략으로 갈등을 억누른다. 자아의 주요한 욕구가 안전이라면 궁극의 신비, 곧 절대 타자라는 이름의 진실과 맺는 관계는 본질적으로 문제가 될 수밖에 없다. 사람 사이의 관계에서 살펴본 것처럼, 타자의 '다름'은 견디기 힘들기 때문이다. 그러나 이 내면의 갈등을 이해하는 데는 융이 많은 도움이 된다. 개인 사이의 관계든 신이라는 신비와의 만남이든, 이 갈등에 주의를 기울이면 모든 것이 명쾌하게 밝혀지지는 않더라도 적어도 자신이 넓어지는 효과가 생긴다. 갈

등의 대부분은 애초부터 해결 불가능하다는 반대 의견에 융은 이렇게 대답한다.

> 사람들이 때로 이 관점을 받아들이는 건 이들이 외부의 해결책만을 생각하기 때문이다. 외부에서는 절대 근본적인 해결책이 나오지 못한다. (…) 진정한 해결책은 내면에서만 나오며, 내담자가 새로운 태도를 보일 때만 찾을 수 있다.[11]

그러므로 개인 사이의 관계에서 살펴본 대로, 타자가 할 수 있는 최선은 자아가 자신의 식민지를 만들려는 욕구의 부산물이 되기를 거부하고 '타자인 채로 남는' 것이다. 이는 자아에게는 문제이겠지만 심리적으로 성장하는 데는 필수 조건이다. 그리스 비극 작가들이 말한 바와 같이 우리는 고통을 겪어야 지혜를 얻는다. 고통을 나서서 겪으려 하는 자아는 없지만, 고통을 겪는 상황은 우리가 견뎌낼 수만 있다면 모두 성장의 기회가 된다.

따라서 욥은 아주 오래된 종교극의 주인공이 되어 큰 고통을 겪으며 일반적인 신앙심에서 벗어나 무서운 실제의 신을 접한다. 그는 신을 그렇게 잘 알고 싶어하지는 않았다. 신이 바라보는 대로 세상을 바라보려 하지 않았다. 그러나 신에게는 다른 의도가 있었고 욥은 '관계를 맺고 싶지만 내가 통제할 수 있는 선에서만 그렇다'라고 말하는 우리 모두의 원형이 되었다. 타자의 자율성은 진정으로 우리에게 공포를 안겨준다. 다른 사람과의 친밀한 관계에서든 우주와의 관계에서든 마찬가지다.

무엇보다도 융은 자신이 개인으로서 신이라는 신비와 맺는 관계에 깊이 관심을 기울였다는 점에서 매우 종교적인 영혼을 지닌 사람이었다. 그는 어렸을 때 몹시 불쾌한 꿈을 꾼 적이 있는데, 꿈속에서 신은 바젤 대성당 위에다 대변을 봤다.[12] 복음주의 목사의 아들인 융은 이 꿈을 꾸고 나서 무섭고 몹시 혼란스러웠다. 몇 년이 지나 융은 아버지가 삶을 의탁한 종교라는 제도 속의 신이 아이였던 자신에게 자신의 삶은 아버지와는 다를 것임을 깨닫게 하려는 의도를 꿈을 통해 보여주었다고 결론 내렸다. 말하자면 융은 꿈이 가진 힘으로 신성한 배설물에서 신성함으로 이어지는 길을 찾은 것이다.

1939년, 런던 목회심리학협회에서 한 연설에서 융은 목사들에게 그들이 제도화된 종교 속에서의 삶을 완충장치로 삼아 실재하는 영성을 대체하는 일이 지나치게 많았음을 상기시켰다. 융에 따르면 우리 선조들은 침묵이 그저 침묵이 아니며 어둠에서 빛이 나온다는 사실을 알고 있었다. 신성함은 그것을 기다리는 사람들의 내면에 있는 이마고를 깨워 신과 다시금 이어줌으로써 자신의 말을 전한다. 옛사람들은 이 과정을 잘 알았으며, 이를 통해 개인이 변화해서 얻은 비전을 부족에 전했다. 그러나 부족이 이 비전을 교리와 의식으로 정형화함으로써, 종교적 경험이 직접적이고 개인적이지 않다면 자신이 아닌 다른 누군가의 경험에 불과하다는 사실을 망각하고 말았다. 제도로서 종교는 '신과의 직접적 만남'을 '규정된 의식'으로 대체해버리는 경우가 너무 많았다. 융이 우리에게 알려주는 내용은 이렇다.

> 교리의 의도가 주로 전반적인 세상을 향해 신앙을 고백하는 것이기 때문에 속세의 일이다. 그러나 종교의 진정한 의미와 목적은 개인과 신 사이의 관계(기독교·유대교·이슬람교), 또는 구원과 해방의 길(불교)에 있다.[13]

어릴 적 꿈의 기억과 마찬가지로, 융이 말하는 '신과의 조우'는 경험주의적이었다. 융은 "나는 '믿지' 않는다. 그러나 지극히 개인적인 본성이자 저항할 수 없는 영향력을 가진 하나의 힘을 '알고 있다'. 나는 그걸 '신'이라고 부른다"[14]라고 말했다. 나와 다름을 지닌 타자와 이렇게 만나면, 이는 우리가 찾는 '초월적 연결'의 실재가 된다. 이 경험은 아무리 개인적일지라도 궁극적으로는 우리에게

도움이 된다. 소외된 개인을 영원한 영혼의 여행과 이어주는 힘이 있기 때문이다. 각각의 개인이 종교적 과정을 유전적으로 타고나는 것처럼, 개인마다 다른 경험이 존재함으로써 신과의 집단적 만남이 풍성해진다. 따라서 모두에게 똑같은 모습의 종교적 삶을 강요하기보다는 개별성을 강화해야 한다. 단순히 다양한 경험을 위해서가 아니라 신이라는 신비를 밝혀내는 과정을 더 다양하게 만들기 위해서 말이다.

영성과 영혼

우리는 자신의 영성에 1차로 책임을 져야 한다. 세 가지 유용한 지표를 통해 우리가 우주적 타자와 어떤 관계에 있는지 정의할 수 있다.

첫째, 공명resonance의 원리가 있다. 영혼의 에너지는 눈에 보이지 않기 때문에 잠시 이미지로 구체화될 때만 그 움직임을 추적할 수 있다.[15] 이 이미지는 정서(그리스 신화 속 판Pan이 괴로워할 때 나타나는 공황panic 같은 감정적 상태)일 수도, 육체적 감각(상처와 치유를 갈망하는 영혼 모두를 아우르는 육체적 상태)일 수도, 꿈(무의식의 자율적 활동)일 수도, 불타는 수풀이나 로큰롤 스타 같은 외부 현상일 수도 있다. 장대한 종교적 전통을 통해 분명 수많은 이미지가 보존되었으며, 이 중 일부는 여전히 몇몇 개인의 에너지를 담고 있다. 우리는 각자 이 웅장한 유적을 탐사하여 자신에게 이야기를 건네는, 다시 말해 개인에게 공명하는 이미지를 찾아야 한다. 그러면 내면에 있는 정신의 소리굽쇠가 울려 우리에게 영혼의 존재를 알려준다. 비슷한 내용끼리 끌리게 마련이다. 공명의 원리는 그 신비를 간직한 채로 무엇이 우리에게서 나왔는지, 그리고 무엇이 우리에 관한, 우리를 위한 것인지 알려준다. 그러나 일단 신비가 사라지고 나면 자아가 아무리 애를 써도 이미지에 신비를 부여하지 못한다.

자신의 영성을 시험하는 두 번째 방법은 심층depth과 만나는 일이다. 무언가가 우리를 삶으로 깊숙하게 이끈다면, 그 방식이 때로는 고통스럽다고 해도 과거와 일상의 표면 아래에서 움직이는 더 큰 삶의 문을 우리에게 열어준다.[16] 영혼은 부수적 현상epiphenomenon이다. 어디에나 존재하며, 현상을 경험할 때마다 바로 그 곁에 있다. 사랑하는 사람과의 만남을 통해 심층으로 이끌려가는 일, 우리 내면의 심층을 만나는 일, 자연의 공포를 경험하는 일은 두말할 나위 없이 종교적 경험이다. 보이는 세계를 움직이는 보이지 않는 세계를 잠깐이나마 엿보는 것은 바로 우리의 의식을 넓혀주는 신비를 경험하는 일이다.

세 번째 원리는 신을 향한 경외감numinosity이다. 신비가 우리에게 윙크할 때, 우리는 영혼이 우리 내면뿐만 아니라 외부세계에도 있음을 깨닫게 된다. 그 희미한 빛은 외부세계에 존재하며 우리와 이어지려 하는 영혼이 가진 자율성이다. 행성의 궤도부터 현미경을 통해서만 보이는 생명의 움직임까지, 자연 현상이 주는 깨달음의 순간에 영혼의 움직임을 볼 수 있다. 역사의 패턴에서, 대중이 열광하는 대상에서, 그리고 일상에서 이루어지는 타인과의 만남에서도 찾아볼 수 있다. 손을 마주 잡고 고개를 숙이는 힌두교의 전통 인사는 우리가 타자의 영혼을 인지하고 존중한다는 것을 의미한다.

공명, 심층과의 만남, 경외감이라는 세 가지 양상 modality은 우리가 영혼이라고 부르는 자율적 타자의 존재를 알려주는 기본 지표다. 삶을 시작하면서 우리는 영혼을 간직하고, 받고, 스스로 만들 준비를 이미 마쳤다. 다른 세계라는 것이 있다면 바로 이 영혼의 세계다.

다행히도 공명하는 이미지를 통해 우주·자연·타인이라는 신비의 영역으로 이어질 수 있는 사회에 사는 사람은 정신이 타자와 이어지는 경험을 할 수 있으며, 초월적 질서에 기반을 둔 자기감 또한 경험할 수 있다. 이 이미지는 부족의 특정한 신화체계와 더불어 자연의 세계로 이어지는 통로이며, 나중에는 공동체의 구성원이 유한성 너머의 세계로 이동하도록 도와준다. 그뿐이 아니다. 이 이미지는 삶의 발달 단계를 안내하며, 개인이 성숙하는 경로인 다양한 죽음과 재생을 이해하고 수용할 수 있도록 해준다. 무엇보다도 이 이미지는 끝없는 슬픔으로 가득한 이 세상에서 우리의 영혼이 머무는 집과 같은 느낌을 선사한다. 치페와족Chippewa의 한 무명 시인은 이를 이렇게 묘사했다.

> 나는 때로 자기연민에 사로잡혀 돌아다닌다,
> 그리고 언제나
> 거대한 바람이 나를 저 하늘로 데려간다.[17]

이 "거대한 바람"은 역사를, 그리고 개인의 감수성을 거쳐 지나가는 영혼의 움직임이라 할 수 있다.

아쉽게도 우리 대부분은 이런 힘이 자신을 움직인다는 느낌을 받지 못하고 산다. 그러나 이 시대 인물 중에 이와 똑같은 "거대한 바람"이 우리 한 사람 한 사람을 거쳐 분다는 사실을 우리에게 가장 확실하게 알려준 사람이 바로 융이다.* 융은 우리 선조들을 움직이고 신비로 한데

---

* 영혼 및 정신과 연관된 psychein[고대 그리스어로 '숨쉬다'라는 뜻. psyche(정신)이라는 단어의 어원으로 여겨진다], esprit(프랑스어로 '정

이어준 이미지의 근원이 인간의 상징 제작 기능이라는 사실을 우리에게 상기시켜줬다. 이 이미지는 꿈이 만들어지는 수수께끼의 장소에서 생겨나며, 우리가 신비로운 타자와 만날 때 나타난다.

원형적으로 말하면 신의 이미지는 우리 자신의 심층에서 나타난다. 이때 신은 감정의 에너지로 차 있으며 우리가 신비를 만날 때 등장하는 이미지라고 정의할 수 있다. 이 이미지는 경외감을 만든다. 우리에게 윙크를 건네며 이에 공명하는 응답을 이끌어낸다. 또한 이 이미지는 완전한 타자다. 우리가 이 이미지에게 명령을 내릴 수 없기 때문이다. 그리고 인지적이라기보다는 경험적 대상이므로 설명이 불가능하다. 이 이미지는 우리를 광대함과 이어주며, 우리 내면에 모든 형태의 은유적 결합을 형성해 작동시킨다. 그러므로 예를 들어 왕세자비가 세상을 떠났다면 이는 단순히 한 사람을 잃었다는, 인간의 유한함을 알려주는 사례 이상의 의미가 된다. 개인 내면에 존재하는 의미의 연합을 폭넓게 작동시킬 뿐만 아니라 여러 사람의 심층에 동시에 공명을 일으키기 때문이다.

신'), ruach(히브리어로 '정신'), spiritus(라틴어로 '영혼'), anima(아니마), inspiration(영감), respiration(호흡) 등 여러 어휘의 주요 은유 대상이 모두 '숨결'이라는 점을 생각해볼 때 우리는 이런 사상에 딱히 놀라워할 이유가 없다 – 저자.

알다시피 영혼의 깊숙한 움직임을 표현하는 이마고는 구체화되기도 하고, 점점 약해져서 결국 소멸할 수도 있다. 이 이미지는 신이 아니라 신성한 것을 전달하는 수단이라는 사실을 기억하라. 보통 손가락으로 달을 가리키면 달 자체보다는 손가락을 보기 쉽다. 여기서 달은 신과 관련된 신비, 손가락은 이미지를 가리킨다. 이미지와 잘못 이어지면 맹목적 숭배가 되며, 이는 우리가 불안 때문에 신비를 그 자리에 붙잡아두려 하면서 생긴다. 안전을 갈망하는 불안한 자아를 대신하여 신비를 붙잡으려 한다면, 그것이 바로 신성모독이다. 신비는 자율성을 갖는데 이를 가로막으려 하기 때문이다. 자신이 원하는 대로 꿈을 만들려고 하거나 꿈의 의미를 억지로 제약하려 하는 것과 같다.

예전에 한 내담자는 매주 자신의 꿈을 직접 분석하고 그 의미까지 깔끔하게 연결하여 아름다운 글로 써서 가지고 왔다. 그러나 꿈을 한번 다르게 해석해보는 게 어떻겠느냐고 권유하자 흥분하여 자기방어적으로 변했다. 그녀는 자율성을 가진 내면의 신비가 자신의 연약한 자아를 위협하지 않도록 스스로 통제하려 한 것이다.

이미지를 숭배하고 신을 통제하며 신비에 손대려 하는 일은 모두 신성모독이다. 이런 인간적 경향은 종교기관에서만 나타나지 않는다. 우리가 일상에서 자신의 정신

과정을 따르며 거기에서 에너지를 얻고 함께 대화를 나눔으로써 성장하는 게 아니라 이를 직접 통제하려는 욕구를 가질 때에도 나타난다. 우리가 '외부'에서 찾는 타자는 우리 '내면'에 이미 존재한다.

이미지가 역사를 통해, 또는 자아에게 편리한 형태로 그 의미를 고치려는 욕구를 통해 구체화되면 이는 '신의 죽음'이라는 모순어법이 된다. 불멸의 존재라고 정의되는 신이 어떻게 죽을 수 있겠는가? 여기서 실제로 죽는 것은 이미지가 가진 힘, 다시 말해 자신 너머에 있는 신비를 가리킴으로써 이를 암시하는 역할을 하던 그 힘이다. 이미지의 숭배는 에너지가 이미 다른 곳으로 사라지고 난 뒤에 발생한다. 예수가 십자가에 매달려 처형당한 뒤 제자들은 예수가 무덤에서 사라졌음을 발견했다. 인간의 모습으로 세상에 내려온 신의 에너지는 인간의 육체에서 찾을 수 없고, 제자들이 신비와 원형적 만남을 가져야 찾을 수 있게 된 것이다. 근본주의와 문자주의literalism*는 결국 영혼을 부정하는 것이다. 영혼의 에너지가 사라져버렸다면, 남은 것은 문화적 산물·유물·무덤일 뿐이다. 이미지는 결국 신비가 한때 생기를 불어넣었던 껍데기에 지나지

* 성경의 문구 그대로를 따르자는 기독교의 성경 이해 방식. 근본주의식 성경 해석의 개념이다 – 옮긴이.

않는다. 껍데기를 숭배해봤자 아무런 의미도 없다. 하지만 이미지가 신비가 아니라 역사에서 에너지를 얻어 구체화되는 모습을 보면, 우리 대부분이 더는 신비와 이어지지 못하는 이유를 알 것도 같다.

그렇다면 이제 영혼이 나타나 표면 아래로 숨었다 다시 나타나는 일련의 움직임을 추적하는 일이 중요해진다. 신성함이 사라진 예전 이미지에 집착하는 것은 그다지 종교적이라고 할 수 없으며 현명하지도 않다. 제도화된 종교뿐만 아니라 현대 심리학도 이와 똑같은 죄를 저질렀다. 미국의 인류학자 어니스트 베커Ernest Becker는 이렇게 말했다.

> 심리학이 이룬 일이라고는 내면의 삶을 과학적 연구 주제로 만든 게 전부이며, 그렇게 함으로써 영혼의 문제가 사라져버렸다. 그러나 한때 인간 내면의 삶을 우주적 영웅주의라는 초월적 형식과 연결해주던 것이 바로 영혼이다.[18]*

---

* 여기서 영웅주의란 인간의 본성 가운데 어려움이나 한계에 부딪힐 때 그것을 돌파하려는 인간의 존재론적·영적 자질을 뜻한다. 베커에 따르면 죽음의 공포에 대항하기 위해 발현하는 영웅주의야말로 인간 삶의 핵심을 차지한다 – 옮긴이.

베커의 말은 신비를 축자적으로 해석하면 신비는 물론 우리 자신의 의미를 축소할 뿐이라는 사실을 일깨워준다. 우리가 너무나 작은 존재였던 탓에 우리가 믿는 신도 줄어들고 말았다. 신과의 올바른 관계를 되찾으려면 신이 가진 자율성을 인정하고 우리가 그렇게 변화된 해석을 따를 수 있는지 확인해야 한다. 융이 말한 것처럼 올림포스 산을 떠난 신들은 도랑에 빠졌으며, 이렇게 신들을 등한시한 결과 소시오패스와 우리 영혼의 질병이 생겼다.

우리는 이미 명료함의 정점에 다다랐음을 축하해도 된다고 생각하며, 공상의 신 따위는 전부 버렸다고 여긴다. 그러나 우리가 실제로 버린 것은 언어의 유령일 뿐, 신들을 탄생하게 만든 정신적 사실이 아니다. 자율성을 지닌 우리 정신 속 내용물은 마치 올림포스의 신들처럼 우리를 여전히 움직인다. 이것들은 공포증·강박증 등으로 불리며, 간단히 말하면 신경증의 징후다. 신들은 이제 질병으로 변해버렸다. 제우스는 올림포스가 아니라 명치를 지배하며, 의사의 진찰실을 꾸미는 신기한 표본을 만들어내거나 정치나 언론인의 뇌에 이상을 일으켜 정신의 전염병을 무심결에 온 세상에 퍼뜨린다.[19]

융 심리학은 신성한 신비 앞에서 경외감을 유지하지만, 일상을 통해 신의 자취를 추적하고 타자의 가장 깊은 신비와 관계를 맺으려 한다. 이 타자는 자연을 움직이며 우리가 꾸는 꿈을 만든다. 이 타자는 곧 우리가 이해하고 수용할 수 있는 능력 밖의 존재다. 그렇지 않다면 이 타자는 진정한 의미의 타자도, 진정한 의미의 신비도 아닐 것이다.

신이 사라져버린 것은 서구세계의 비극이라는 사실을 우리 모두 알지만, 입 밖으로 내기는 두려워한다. 그래서 이전의 이미지를 다시 부풀려보지만, 그럴수록 우리는 신비로부터 더 멀어질 뿐이다. 우리는 필사적으로 신을 찾기도 하고, 신을 잃은 아픔을 달래기도 하며, 공포증이나 중독, 타인에 대한 의존 등으로 피난처를 찾기도 한다. 마법 같은 동반자의 힘을 빌려 구원을 얻으려 하기도 한다. 그러나 역설적으로 우리의 삶은 친밀한 관계를 망치거나 의식으로 이끄는 초대를 등한시함으로써 타자와의 만남에서 벗어나는 길을 택할 때가 많다. 위스턴 휴 오든 Wystan Hugh Auden은 이렇게 노래했다.

우리는 변하기보다 차라리 망가지리라.
현재의 십자가를 타고 올라가
환상에 죽음을 안기느니

차라리 공포에 질려 죽으리라.[20]

왜일까? 12단계 프로그램에서 말하듯 "우리가 저항하는 것은 계속 남는다". 원인은 분명 어디에나 존재하면서 우리에게 한계를 긋고 해묵은 습관을 반복해야 한다는 강박을 자극하는 우리의 공포다. 융에 따르면 "악한 정신이란 공포, 결여, 영원을 지향하는 삶의 투쟁에 반대하는 적을 말한다".[21] 우리가 광대한 우주와의 관계 속에서 자신을 스스로 정의하고 넓히도록 해주는 것은 존재론적 용기뿐이다.

우리는 삶에서 여정을 계속할 만큼 대담한가? 사회화와 콤플렉스라는 상상의 틀을 부술 수 있는가? 성가신 질문이지만 여기에 대한 답변은 우리의 정신이 얼마나 건강한지 알려준다. 이에 관해 융은 자서전에서 이렇게 이야기한다.

> 나는 사람들이 삶에 관한 질문에 대해 부적절하거나 잘못된 대답에 만족할 때 신경증에 걸리는 것을 자주 보았다. 이들은 지위·결혼·평판·외면적 성공·돈을 추구하며, 원하던 걸 얻었을 때조차 불행하고 신경과민 상태에서 벗어나지 못한다. 이런 사람들은 보통 지나치게 좁은 영적 지평에 묶

여 있다. 이들의 삶에는 만족도 의미도 충분하지
않다. 이들이 더 여유로운 성격으로 발전한다면
보통 신경증은 사라진다. 그런 이유로 발달이라는
개념은 내게 언제나 가장 중요하다.[22]

솔직히 말하면 우리 중 대다수는 지나치게 좁은 영
적 지평에 묶여 있다는 사실을 안다. 우리가 어떤 상황에
있는지 제대로 이해하려면 자신에게 질문 몇 가지만 던지
면 된다.

1. 인생 전반부의 주요 과제가 굳건한 자아 정체성
   을 형성하고 부모를 벗어나 일과 인간관계가 기다
   리는 세상으로 나아가 스스로 삶을 꾸리는 일이라
   면, 인생 후반부의 주요 과제는 무엇인가? 우리에
   게 올바른 소명이란 과연 무엇인가? 인생 전반부
   에 세상이 우리에게 요구하는 것들에 응답했다면,
   후반부의 과제는 무엇인가? 영혼은 무엇을 요구
   하는가?
2. 우리가 살지 못한 삶이 있어 우리를 괴롭히고 불
   러내고 평가한다면, 그 삶은 어떤 삶인가? 우리
   모두 이 질문의 답을 알고 있지만 해답을 알고 있
   는 다른 누군가가 대신 대답해주기를 기다리면서

늘 그 대답을 회피한다. 우리에게 무엇이 올바른 일인지는 우리 말고 성직자도, 부모도, 반려자도, 치료사도 그 누구도 모른다. 그러나 우리 내면에 있는 존재는 분명 그 답을 알고 있으며, 이를 무시하면 각종 징후를 통해 그 실망감이 표출된다.

3. 우리는 발달 단계 중 어디에서 막혀 있는가? 우리를 위협하는 공포는 무엇인가? 혹시 어릴 적 겪은 경험의 흔적, 또는 버림받거나 짓눌림을 당한 상처를 떠올리는 일인가? 이러한 공포와 암묵적으로 결탁한 탓에 아동기 시절의 행동이라는 벽에 가로막혀버린 것은 아닌가?

4. 자기 자신으로 존재하도록 용납받지 못한 부분이 있다면 무엇인가? 자신의 본성을 최대로 표현하려는 열정을 어디서 잃어버렸는가? 부모나 교사가 우리를 잘못 지원했거나 좌절시킨 부분이 있다면 무엇인가? 우리의 여정을 제대로 계획하지 못한 부분이 있다면 무엇인가? 운명이 우리에게 어떤 허락이나 열정, 내면화 과정을 강요한다 해도 신이 우리에게 부여한 여정을 계속할 가치를 얻기 위해서는 낡은 패러다임을 과감히 뚫고 위험을 감수해야 한다.

5. 자신의 영성을 어떻게 정의하고 실행하며 통합하

는가? 영성이 의식적으로 발전하지 않는다면 우리는 반복적 일상과 중독적 행동, 그리고 집단과의 결탁에 지배당하는 내용 없고 피상적인 삶을 살게 될 것이다. 영성은 인간관계에서 가장 중요한 영역이다. 우리가 맺는 모든 관계의 방향과 결과는 우리가 지닌 영성의 수준에 따라 결정되기 때문이다.

위 질문의 대답을 우리는 직관적으로 안다. 그 대답은 모두 우리 자신의 본성이 가진 목적에 따라 하루하루 정해지기 때문이다. 다만 우리가 무엇을 아는지 제대로 알지 못하거나, 알고 있지만 그것을 두려워하거나, '테헤란에서의 죽음Death in Teheran' 이야기에서처럼 언제나 우리 곁에 있으면서 우리에게서 그 존재를 인정받으려고 하는 대상으로부터 도망치려 할 뿐이다.* 우리 삶이 이 질문에 얼마나 충실한지에 따라 우리가 가진 영성의 수준, 그

---

* 한 하인이 겁에 질려 주인에게 달려와 말했다. "오, 주인님. 저를 테헤란으로 도망치게 해주시옵소서. 방금 포도밭에서 죽음의 신을 만났사옵니다." 주인은 승낙했다. 그런데 그날 저녁, 주인이 죽음의 신을 만났다. "왜 그대는 내 하인을 위협했는가?" 주인의 물음에 죽음의 신이 대답했다. "위협하지 않았습니다. 다만 오늘 밤 그를 테헤란에서 만나기로 계획을 세웠는데 그가 아직 여기 있는 것을 보고 놀라움을 표했을 뿐이지요." (출처 미상) ─ 저자.

리고 우리가 성스러운 신비와 맺고 있는 관계의 수준이 어느 정도인지 알 수 있다. 우리는 자신을 넓히는 일, 열정, 대담함, 외로움, 그리고 우리를 만든 신의 의도를 실현하는 일을 두려워하지 말아야 한다.

신과 산책한 시인 세 명

앞에서 소개한 어니스트 베커의 현대 심리학에 대한 비판은 적확하다. 성직자들이 정신을 망각했다는 것, 곧 진실한 종교적 경험은 개인 수준의 경험이어야 한다는 사실을 망각했다는 것은 현대의 비극이다. 그리고 심리학자들은 우리 내면 가장 깊은 곳의 현실이자 의미를 추구하고 상징을 만드는 신비인 영혼을 망각했다. 융과 제자들의 작업을 제외하면, 현대시 작품으로 눈을 돌려 영혼의 존재에 대한 단서를 찾아보는 편이 좋겠다.

　일반적으로 현대문학과 포스트모던 문학 작품의 주요 주제는 한편으로는 기존의 상하위계적 제도와 기관들이 해체되는 모습을, 다른 한편으로는 서로를 이어주는 신화체계 없이 살아가는 어려움을 목격하는 것이다. 따라서 우리는 작가로부터 모더니스트의 영적 딜레마에 관해 자세히 들을 기회가 생긴다. 영혼의 가장 깊은 곳을 성직자나 의사보다 더 제대로 묘사하는 사람이 예술가이기 때문이다.

이러한 모더니스트의 영적 딜레마를 유려한 언어로 풀어낸 사람은 여럿 있으나, 그중에서도 나는 다음 세 시인에게 가장 마음이 끌린다. 월리스 스티븐스Wallace Stevens, 하트 크레인Hart Crane, 그리고 라이너 마리아 릴케다. 세 시인의 작품은 그 자체로 연구할 가치가 충분하며 세속적 은유를 주로 사용하면서도 심오한 종교적 감수성을 표현한다. (윌리엄 버틀러 예이츠William Butler Yeats, T. S. 엘리엇T. S. Eliot 등도 포함시킬 수 있겠다.)

월리스 스티븐스

월리스 스티븐스는 어느 일요일 아침, 커피잔을 앞에 두고 앉아 신문을 읽는 한 여성의 모습을 상상한다.[23] 여인이 생각하는 것 중에는 아이 때 자신의 모습도 있다.

······바다 건너, 조용한 팔레스타인으로,
피와 무덤이 지배하는 곳으로.

그러나 시인은 왜 여인이 이제는 내면에 남아 있지도 않은 그런 모습에 자신의 영혼을 쏟아야 하는지 묻는다.

신성이란 무엇인가? 침묵의 그림자와
꿈속에서만 다가올 수 있을 뿐이라면.

스티븐스는 신성이란 "자신 속에 살아 있어야 한다"
라고 결론 내린다. 그에게 신성이란 존재하고, 내재하며,
경험하는 것이다. 그러나 신이 벗어버린 껍데기 속에서는
더는 신성을 찾을 수 없다. 시인은 이렇게 상상한다.

온화하고도 소란스럽게, 한 무리의 인간이
어느 여름 아침에 잔치를 벌이고 찬송하리라.
태양을 향한 그들의 떠들썩한 찬양,
신은 아니지만 신이라면 그럴 것처럼,
벌거벗은 채, 원시적 근원처럼.

이 시의 중심 사상은 "신은 아니지만 신이라면 그
럴 것처럼"이라는 구절에 나타나 있다. 이는 분명 현대적
감수성이다. 문명의 발달 단계 중 애니미즘animism(정령
신앙) 시기에 자연의 신비를 최초로 경험했다면 그 자체
가 신으로 구체화될 것이다. 그런 뒤 신성한 에너지가 껍
데기에서 빠져나가면 신을 향한 경배를 주관하던 이는 버
림받은 듯한 기분을 느낄 것이다. 그러나 칸트와 니체 이
후의 시대를 사는 스티븐스는 우리가 이 세계의 신성함을

현상학적으로 경험할 수 있지만 의식의 은유를 사용해야 이를 표현할 수 있다고 생각한다. 이 구절을 계속 되뇌어 보라. 그러면 이해가 되는 게 느껴질 것이다. "신은 아니지만 신이라면 그럴 것처럼."

이미지가 갖는 은유적 성격을 이해함으로써 시인은 근본주의와 정신증psychosis의 덫으로 작용하는 문자주의에서 벗어날 수 있다. 스티븐스에게 공명, 심층, 경외감은 어디에나 존재한다. 그는 타자의 다름을 존중하며, 타자의 자율성을 제한하지 않기 위해 "그럴 것처럼"이라는 구조를 의식적으로 유지해야 한다. 이 딜레마는 우리가 친밀한 관계에서 짊어져야 하는 과제와도 동일하다. 타자가 타자로 남을 수 있도록 하는 건 쉽지 않은 일이지만, 타자를 사랑하는 방법은 그것뿐이다. 이는 신에 대해서도 마찬가지다. 우리는 신에게 기원하는 일이 가장 많기 때문이다.

하트 크레인

하트 크레인의 유명한 작품 〈항해Voyages〉의 마지막 연은 생략적이면서도 심오하다. 쉽게 해석할 수 없고 산문으로도 잘 옮겨지지 않는다.

우리를 시간에 묶어라, 오 또렷한 계절과 경외여.

오 카리브해의 불 속을 떠도는 음유시인의 범선이
여,
우리를 지상의 해안에 전하지 마라
천국을 향해 동그랗게 뜬 물개의 물보라 같은 눈
길이
우리 무덤의 소용돌이 속에서 답을 얻을 때까지
는.[24]

크레인은 우리가 세속의 상태를 초월할 것이 아니라
시간에 묶여 감정의 계절이 만들어내는 부침과 변화를 겪
을 것을, 그리고 무엇보다 경외심을 가질 것을 요구한다.
경외심은 종교적으로 최상의 감정으로 인정받는다. 타인
을 진정한 타자로 경험할 때의 감정이기도 하다. 아이를
막 출산한 부모는 이미 이 경외감을 경험했다. 사랑하는
사람과 함께 있을 때 우리를 멍하게 만드는 것도 이 감정
이다. 그리고 우리는 심층과 우주의 광대함 앞에 경외심
을 품으며 우주적 타자의 거대함을 알게 된다.

이 시에서 핵심 은유는 삶을 항해로 보는 것이며, 모
더니스트적 증언은 대부분 이 원형적 개념을 사용한다.
이제는 그 어떤 제도나 기관, 세계관도 완전히 고정되어
있지 않기 때문에 우리는 유배 상태로 떠돌아다니는 듯한
경험을 하게 된다. 이 집, 곧 먼 바다에서 노래하는 범선

은 돛에 바람을 받게 하고 우리를 순풍으로 인도하는 정열로 불타고 있다. 그러나 시인은 안전한 해안을 찾는 대신 영혼의 저 먼 바다에 머물러 있기를 소망한다. 여행이 우리의 집이라면, 그는 여행이 계속되기를 바랄 것이다.

우리가 도달하는 곳은 풍성한 의미를 지닌 다음 행에서 암시된다. "천국을 향해 동그랗게 뜬 물개의 물보라 같은 눈길." 우리처럼 찰나의 존재인 물개는 마치 흩뿌려진 물보라와도 같이 우주의 경이와 공포 앞에 눈을 동그랗게 뜬 채 서 있다. 물개는 알지 못한 채로, 확실함이 없는 채로, 타자가 가진 심오한 다름을 응시하며, 천국을 응시하며 살아간다. (존 키츠John Keats의 유명한 구절이 생각난다. "아름다움은 진실이요, 진실은 아름다움이다 / 이것만이 우리가 이 지상에서 알고 있고, 알아야 할 전부다.")[25] 손대어 통제하지 않고 그대로 두겠다는 과격할 정도의 의지를 갖추려면 거대한 용기가 필요하며, 이 의지는 신성한 신비를 향한 궁극의 존중이다.

라이너 마리아 릴케

내가 보기에 현대의 영적 상황을 가장 깊이 탐구한 예술가는 바로 라이너 마리아 릴케다. 릴케는 여러 작품에서 무지가 얼마나 섬뜩할 정도로 아름다울 수 있는지를 묘사한다. 사랑하는 사람이든 신이든, 타자가 주는 신비에 이

름을 붙이는 일도, 고정하거나 구체화하는 일도 시종일관
거부한다. 이에 관해 인용할 만한 작품은 여러 개 있지만
아래 시가 가장 적절하게 표현하지 않았나 싶다.

이제 신들이 다가오는 시간
자신이 머물러 살던 것에서 벗어나……
다가와 내 집 안의
모든 벽을 무너뜨릴 시간……
오, 신이여, 신이시여!
예전에 자주 다가왔으며, 지금도
우리 주변 것들 속에 잠들어 있는, 유유하게
일어나 우물에서 얼음처럼 차가운 물을
목과 얼굴에 끼얹는 모습을 상상만 할 수 있는……
또다시 그대의 아침이 되길, 신들이여.
우리는 되풀이하네. 그대만이 근원.
그대와 함께 세상은 일어나고, 그대의 새벽이
우리가 거둔 실패의 틈 하나 금 하나에 희미하게
비치나니.[26]

신화는 눈에 보이는 의식적 삶을 지탱하는 보이지
않는 평면과 같다. 신화의 존재를 경험할 때 우리는 안정
감과 더불어 이어져 있다고 느낀다. 그러나 타자의 세상이

정말로 이와 같다면 우리의 영적 감각은 조율이 필요하다. 온통 대중문화의 산물과 환상, 유혹에 둘러싸여 사는 우리의 과제는 신의 존재를 직관으로 느끼는 일, 그리고 기만적인 겉포장 바깥으로 영혼을 끌어올리는 일이다.

우리가 볼 수 없을지는 몰라도 신들은 항상 거기에 있다. 예수는 이렇게 말했다. "하느님의 왕국은 이 땅 위에 펼쳐져 있으나 사람들이 그것을 보지 못할 뿐이다."[27] 그러니 우리가 찾는 것은 이미 여기에 있다. 심층에 숨어 피상에 가려져 있을 뿐이다. 신은 자신을 볼 수 있는 눈을 가진 사람에게, 그리고 정면이 아니라 그 뒤에서, 표면 아래에서 나타난다. 신은 의식의 태도를 뒤흔들 뿐 아니라 심지어 뒤엎기도 한다. 우리가 정성스레 지어놓은 삶을 무너뜨리며 우리를 통째로 날려버리기도 한다. 정신의 실재를 경험한 사람이라면 이런 에너지에 어떤 혁명적인 힘이 있는지 잘 알 것이다.

우리 중 오늘날 신은 어디 있는지 궁금하지 않았던 사람이 있을까? 왜 불타는 수풀 속에서 나타나지 않으며, 회오리바람으로 말씀을 전하지 않으며, 새로운 예언자를 출현시키지 않는 것일까? 그러나 릴케에게 신은 존재한다. 모든 것의 심층에 조용히 자리잡고 있으며, 언제든 우리를 놀라 깨어나게 할 수 있다. 융은 이렇게 말했다.

신은 내가 계획한 길에 난폭하게 들이닥치는 모든 것에, 내 주관적인 관점과 계획과 의도를 어지럽히고 내 삶의 경로를 좋은 쪽으로든 나쁜 쪽으로든 바꿔버리는 모든 것에 내가 붙이는 이름이다.[28]

신은 자신의 의지와 능력으로 우리 의식의 방향에 혼란을 일으킬 수 있는 우주적 타자라는 뜻이다. 심오한 설명이다.

신에게 보내는 기원을 담은 찬가인 이 시의 마지막 부분에서 릴케는 신들을 우리 앞에 다시 한번 불러내어 심층에서 이루어지는 신들과의 만남을 의식으로 끌어올리려 한다. 신들은 우리 자신을 포함한 모든 것의 근원이며 우리의 실패와 약점 속에서도, 잘못된 이해 속에서도 찾아볼 수 있다. 신은 우주의 에너지인 원초적 타자이며, 우리의 영혼을 뒤흔들어 넓히는 힘이다.

여기에 인용한 작품들은 우리 시대에 영혼을 찾는 일을 다룬 수많은 표현 중 일부일 뿐이다. 이 세 명의 시인에게는 부족의 신화가 주는 편안함도, 제도와 기관이 주는 안정도, 지도에 그릴 수 있는 예측 가능한 경로를 찾을 때 참고할 영적 좌표도 없었다. 이들은 영혼의 바다에 홀로 던져졌으나 그 불안한 여행을 자신의 집으로 받아들이는 법을 배웠다. 그리고 독단에 빠지려는 욕구, 신성한 신비를 이성에 가두겠다는 유혹을 거부했다. 이들은 실체 없는 확실함을 강요하여 신들이 숨어버리게 만들기보다는 은유가 지닌 모호함으로 스스로 그 너머를 가리키는 쪽을 택했다.

앞에서 살펴본 대로 프로이트는 종교적 충동이 우주를 통제하고(우리에게는 정말 이런 동기가 있다) 우리를 지켜줄 전지전능한 좋은 부모를 찾으려는(우리에게는 이런 동기 또한 있다) 퇴행적 욕구에 불과하다며 깎아내렸다. 그러나 융은 이러한 어린아이 같은 보편적 욕구 이면에 더 깊은 의미, 곧 짧게 지나가는 지상에서의 우리의 삶을 의미 있게 만들려는 욕구가 숨어 있음을 이해했다. 앞서 인용한 작품 속에서 세 시인은 우주를 우리의 부모로 삼으려 하는 대신 용기를 내어 철저히 타자로 머무르게 했다. 이들의 비전은 어떤 편안함이나 안정을 주지 않았지만, 그 대신 존엄성과 의미를 선사했다. 세 시인이 표현하는 우리 시대의 딜레마는 프로이트가 예측한 것처럼 퇴행적인 것이 아니었으며, 삶으로 더 깊이 뛰어들어 신성한 신비와 더 정중한 관계를 맺게 해줬다.

타자를 존중하는 이런 태도를 설명해주는 단어는 '경외'다. 모호함에 가득 차 있으면서도 이를 긍정하고 받아들이는 자세를 설명해주는 단어는 '용기'다. 그리고

타자의 다름을 공경하는 경험을 설명해주는 단어는 바로
'사랑'이다.

> 어젯밤, 잠들어 있을 때,
> 나는 꿈을 꾸었다―경이로운 실수여!―
> 꿈속에서 나는
> 신을 여기 내 마음속에 담고 있었다.[29]

*

> 당신이 정말로 나를 찾는다면, 곧바로 나를 볼 수
> 있으리― 가장 조그만 시간의 집 속에서 나를 찾
> 을 수 있으리……
> 학생이여, 말해다오, 신은 어디에 있는가?
> 신은 숨결 안의 숨결 속에 있다네.[30]

잠 못 이루는 두 사람

당신과 함께 있을 때, 우리는 밤을 지새우네.
당신이 여기 없을 때, 나는 잠들 수 없네.
잠 못 이루는 두 사람이 있음에
두 사람이 서로 다름에, 신을 찬양하라!

_루미

이 책 시작 부분에서 나는 책의 내용이 실망스러울 수 있으며, 나 역시 그 전제가 마음에 들지 않는다고 미리 알렸다. 이 책이 갖는 미덕은 우리가 마음으로 원하는 바와 상관없이 그 내용만큼은 정확하다는 것밖에 없을지도 모르겠다. 마법 같은 동반자라는 것은 없고, 자신의 연애관계를 망치는 것은 자기 정신의 폐기물이며, 우리가 친밀한 타자, 조직이라는 타자, 그리고 신이라는 절대 타자와 맺을 수 있는 최고의 관계는 우리가 자신과 맺는 관계의 함수라는 증거는 너무도 명확하다. 이 모두가 사실이라면(나는 그렇다고 생각한다) 우리가 사랑한다고 주장하는 대상을 향해, 그리고 이 세상을 향해 우리가 베풀 수 있는 최선의 사랑은 투사를 거둬들이고 그 내용을 우리 자신의 여정 속으로 받아들이는 일이다. 그러나 누가 이런 조언에 귀 기울이고 싶어하겠는가?

그러니 이 모두가 지적 유희에 불과하며, 지나치게 이성적이어서 따르기 힘들다고, 지나치게 냉소적이며 엘리트주의적이라고 이야기하시라. 17세기 철학자 블레즈 파스칼Blaise Pascal의 말을 인용하여 감성은 이성이 이해할 수 없는 그 나름의 논리를 가지고 있다고 말하시라. 그러면 독자의 생각은 완벽히 옳아 보일 것이며, 대다수가 동의할 것이다.

한번은 애정관계에 관한 세미나가 끝나고 한 아리따운 여성이 내게 카드를 한 장 건넸다. 표지에는 만화에서나 나올 법한 씩씩한 모습의 여인이 한 손으로는 손짓하며 다른 한 손으로 커피잔을 들고 있었고, 이런 글귀가 적혀 있었다.

내가 누구인지 알려주고 내 공허함을 채워줄 남자 따위는 내 인생에 필요 없어요. 나는 독립적이고 강하니까요. 내 인생을 개척하는 데 그 누구도 내 감정의 버팀목이 되어줄 필요는 없어요. 나는 나만의 섬과 같죠. 행복하고 충만한 삶에 필요한 건 다 내가 조달할 수 있어요. 나 자신도, 그리고 온 우주도 나와 같은 생각이에요.

그리고 카드 안에는 딱 한 줄로 이렇게 적혀 있었다. "젠장, 난 외롭다고요!"

온타리오주의 카를 융 재단 이사장 사무실 책상에 적혀 있던 글귀를 생각해보자. "내면의 결혼은 물론 좋은 일이지만, 밤에 내 발을 덥혀주진 않는다."

뉴저지주에서 애정관계에 관한 세미나를 했을 때는 한 여성이 말 그대로 주먹을 흔들며 내게 다가와 이렇게 말했다. "선생님이 하신 이야기에 전부 동의하지만, 그래도 전 여전히 사랑을 믿어요." 난 내가 했던 말 중에 혹시 사랑에 반대하는 내용이 있었는지 기억을 더듬어야 했다. 사실 나는 사랑에 긍정적인 사람이며, 이 글을 읽는 독자도 분명 그렇게 생각하리라고 믿지만, 사랑을 경험하는 데 걸림돌이 있다면 치워야 한다는 쪽과 의견을 같이한다. 그저 어쩌다 보니 내가 신성한 낭만이라는 우상, 투사라는 우상, 마법 같은 동반자라는 우상을 뿔로 받아버렸는데, 그 죄가 이토록 용서받을 수 없는 것인가?

인간이 갖는 욕구, 연민, 공감이 자리잡을 곳이 과연 있기는 할까, 그런 감정이 타당하기는 한 걸까 하는 의문이 들 수도 있을 것 같다. 당연히 답은 '그렇다'다. 반려자가 아파할 때 연민을 느끼고, 반려자가 과거에 배신당했을 때 안정과 신뢰의 공간을 선사하며, 내 옆에서 위험한 여정을 함께하도록 용기를 북돋워주는 일은 치유를 위한 소중한 선물이다. 연약하고 유한한 존재인 우리는 쉽게 상처받고, 변덕스러운 우주 앞에 무력하며, 항상 무언가를 원하면서도 쉽게 포기하고 싶어한다. 이런 욕구는 매우 인간적이며 우리에게 늘 존재한다. 그러나 이 욕구가 우리의 행동을 무의식중에 지배하면, 우리는 의존과 퇴행의 덫에 걸려 결국에는 자신이 더 성장할 잠재력을 개발하지 못하고 만다. 그 결과 우리의 욕구를 충족해달라는 압력에 시달리는 반려자는 물론 구성원 개인이 발전해야 건강함을 유지할 수 있는 사회에까지 악영향을 끼친다.

커플을 치료하는 심리치료사들의 작업은 내게 아주 소중하다. 이들은 금이 간 애정관계를 고치기 위해 열심히 일한다. 그 결과 치유가 이뤄진다면 마땅히 축하하지 않을 수 없다. 그와 동시에 커플에게 권유하는 상호작용의 이면에 '나의 오래된 상처를 치유하도록 상대가 도와

줄 것'이라는 은밀하고 암묵적인 환상이 있음을 느낀다. 바로 뻔히 지속되며 부수기 힘든 '마법 같은 동반자'라는 환상이다. 서로가 무엇을 원하는지 표면으로 끄집어내는 일은 분명 도움이 되지만, 우리가 개인으로서 과연 스스로 무얼 해야 하는지는 이미 분명하지 않느냐고 말하고 싶다. 우리가 결국 해야 하는 일, 그러니까 자신에게 책임을 지는 일이 성가시고 부담스러운 건 사실이다.

이런 생각은 절대로 연애관계를 폄훼하는 게 아니다. 우리는 타인과 이어져야 하며 타인을 통해 자신을 비춰봐야 한다. 같은 이유로 타인에게도 우리가 필요하다. 늘 그렇듯 융은 이 문제에 관해 중요한 한마디를 남긴다.

타인과 이어지지 않은 사람은 전일성을 가질 수 없다. 전일성은 영혼을 통해서만 얻을 수 있으며, 영혼은 '당신'이라는 대상이 지닌 다른 한쪽이 없으면 존재할 수 없기 때문이다. 전일성은 '나'와 '당신'의 결합이며, 이 둘은 초월적 결합을 이루는 각 부분이다.[1]

위 문단을 설명하는 각주에는 이렇게 적혀 있다.

물론 이는 두 개인이 합체한다거나 서로를 동일시

한다는 뜻이 아니라 '당신'에게 투사된 모든 것을 자아와 의식적으로 결합한다는 의미다. 따라서 전일성이란 한 개인이 다른 개인과 맺는 관계에 근본적으로 의존하는 정신 내부 과정의 산물이다. 관계는 개성화로 가는 길을 열어 개성화를 가능하게 만들지만, 그 자체가 전일성의 증거는 아니다.[2]

융의 이 말은 간단해 보이지만 그 안에 숨은 뉘앙스는 탐구해볼 가치가 있다. 우리가 타인으로부터 고립된 고독한 삶을 산다면, 결국에는 우주 전체가 내가 생각하는 대로만 이루어졌다고 믿게 될 것이다. 이는 인간이라면 보편적으로 가지는 영원불멸의 유혹, 신인 동형동성론 anthropomorphism,* 자민족중심주의 ethnocentrism, 자기중심성 egocentrism 등과 같이 인간이 보편적으로 빠지기 쉬운 유혹이다. 내가 보고 느끼는 것만이 우주의 전부다. 그러나 타자가 타자이기를 고집하면 우리가 갖고 있던 자기중심적세계관이 도전을 받는다. 내가 이를 부정하거나 철회하지 않으려면 내 실재감을 넓혀야 한다. 보살핌과 연민은 분명 대단한 선물이겠지만, 어떤 애정관계에서든 궁극적인 최고의 선물은 타자와 기꺼이 대화하려는 의지다. 이는

* 신은 인간의 형상과 성격을 가진 존재라는 생각 – 옮긴이.

개인을 넓혀주는 결과로 이어진다. 타자와의 대화는 아무리 불쾌하고 아프더라도 개성화로 이어지는 촉매가 된다.

그와 동시에 융은 반대되는 것들이 빚는 내면의 긴장이 중요하다고 생각했으며, 내면의 타자와 대면하여 자아가 과거 이력, 콤플렉스, 그리고 '자기'와 대화를 나누는 일이 매우 중요하다고 주장했다. 우리의 자아와 세상 사이의 필수적인 만남에 따라 부모, 동료, 사회제도와 관계가 형성되는 것과 마찬가지로, 우리는 내면의 타자와도 만나야 한다. 여기서 타자란 낯설면서도 친숙하며, 우리를 알고 있으면서도 우리 이상의 존재로서 우리의 꿈과 감정, 그리고 총체적 증상을 만든다.

심리치료 과정에서 적극적 상상active imagination*과 꿈작업dream work**을 통해 내면의 대화를 하면, 이 타자를 점점 더 잘 알게 된다. 그리고 시간이 더 지나면, 실은 자신의 일부이기도 한 이 타자가 자신에게 최선의 길이 무엇인지 알고 있다고 믿게 될 수도 있을 것이다.

잎이 무성한 풀로 자라려는 뿌리든, 영혼이 담긴 개인이 되고 싶은 태아든 모든 삶의 목표는 전일성을 갖추는 것이다. 융이 위에서 말한 것처럼 전일성은 반대되는

---

* 융이 20세기 초반에 개발한 명상법 – 옮긴이.
** 정신분석에서 꿈을 분석하는 작업 – 옮긴이.

것들이, 곧 '나'와 '당신'이 대화를 나눌 때 따라온다. 다른 사람이든 나 자신의 일부분이든, 타자가 갖는 신성한 가치를 깨달을 때 '당신'은 '신'의 의미를 갖게 된다. 델포이에 있는 아폴로 신전 출입구에 장식된 두 개의 격언, "너 자신을 알라"와 "신이시여!"를 기억해보라. 이 두 가지 현실은 역설적으로 가리키는 대상이 같다. 정신과 육체, 남성과 여성, 인간과 신처럼 반대되는 것이 서로 얼마나 다르든 간에 이들을 더 넓어진 하나의 현실로 경험하는 것이 바로 전일성을 경험하는 일이다. 아무리 일시적으로 나타난다 해도 전일성의 암시는 궁극적으로 종교성을 띤다. 반대되는 것을 존중하면서도 이들을 서로 연결함으로써 초월을 경험할 수 있기 때문이다.

사랑하는 사람을 통해서든 우주적 타자를 통해서든, 전일성을 느끼는 그 찰나의 순간은 순수 이성의 영역 밖에 있다. 말로 표현할 수 없는 그 무엇을 향한 상징과 은유, 이미지만이 이 경험을 묘사할 수 있다. 이러한 상징적 계시symbolic epiphany가 신이 전혀 상관없을 것 같은 이상한 상황이나 장소, 예를 들면 사랑하는 사람을 만날 때, 영원에 관해 장엄하고 깊은 생각에 잠겨 있을 때, 만루 홈런이 터질 때 느끼는 흥분 속에서, 또는 덧없는 갈망에 잠겨 있을 때 등장하는 이유이기도 하다. 아주 잠시만이라도 이런 초월적 합일을 경험한다면, 그 순간 우리는 신이 인간을 창조한 의도 그대로 '자기에 충실한 존재' 자체가 된다. 자기는 우주의 신성한 에너지를 지닌 존재이므로 이 순간 우리는 신의 존재 안에 자리잡은 것이기도 하다. 그 이상의 표현은 할 수도 없고 해서도 안 된다.

다시 말하지만 이런 영역을 통과하는 데는 성직자나 의사보다 시인이 더 큰 도움이 된다. 스티븐스, 크레인, 릴케와 마찬가지로 토론토에서 활동하는 시인 케이시 웨인Kathie Wayne은 〈흔한 것The Usual〉이라는 시에서 초월적인 것을 어디서 찾을 수 있는지 노래한다.

생각하지 마라
지상을 걷는 신이나
지혜의 무게를 달고 높이 솟은 날개를 지닌 천사
가 있어야
계시가 이루어진다고.
흔한 것으로도 충분하므로.[3]

사랑하는 사람에게서도, 우울증의 잔재 속에서도, 내면의 타자와의 충격적인 만남에서도 신을 발견할 수 있다. 우리는 잊어버렸을지도 모르지만 우리 내면에 있는 고대의 유산은 이 사실을 알고 있다. 그래서 웨인은 다음과 같은 시구를 통해 우리에게 상기시킨다.

4월이면 언제든, 혼자
정원에서, 거대한 초록 이삭으로
들어가 비밀스럽게
얼굴 붉히는 줄기를 기울여 듣기 전에—
들어보라. 루바브 싹이
이야기한다, 소리쳐 전한다
결국 달리 가장할 수 없는
소식을.

나는 타인과의 만남을 통해 가끔은 고통스러웠지만 성장이라는 특권을 누릴 수 있었다. 최근에는 친구 피터 그랜트Peter Grant와의 만남에서 이를 경험했다. 그는 나에게 네덜란드의 사제이자 신학가인 헨리 나우웬Henri Nouwen의 사상을 소개해줬다. 나우웬은 《제네시 일기The Genesee Diary》라는 저서에서 트라피스트* 수도원에서 지낸 일곱 달 동안의 경험을 회상하며 이렇게 말했다.

내가 처음 가졌던 생각은 사랑은 내 안의 특별한 그 무엇과 연결되어 나를 사랑할 수 있는 존재로 만들어준다는 것이었으며, 여러모로 지금도 변함

* 성 베네딕토의 규율을 따르는 가톨릭교회의 관상 수도회 – 옮긴이.

이 없다. 다른 사람이 내게 친절하고 우호적일 때 나는 행복을 느낀다. 내게 매력을 느끼고 특별한 방식으로 나를 좋아해준다는 생각이 들기 때문이다. 어느 정도 무의식적인 이 태도로 말미암아 나는 수도원에서 곤란함을 느꼈다. 내게 친절하게 대하는 수도사가 실은 모든 사람에게 똑같이 친절했기 때문이다. 그래서 나만이 가진, 다른 사람에게는 없는 특별한 그 무엇 때문에 그가 나를 좋아한다고 생각하기가 힘들어졌다.

내가 지금까지 사랑을 얼마나 폭 좁고 불완전하고 어설프게 이해하고 있었는지 깨닫는 일이 중요하다. 신학적으로 갖고 있던 이해를 말하는 게 아니다. 분명한 상황에서 내가 감정적으로 대응할 때 보이는 사랑에 관한 이해 말이다.

신에 대한 사랑 안에서 우리가 모두 특별함을 깨닫는다면, 그리고 우리를 사랑할 만한 존재로 만드는 건 우리 안에 사는 신의 사랑이라는 사실을 확인할 수 있다면 타인에게 손을 내밀 때 그 안에서 같은 사랑이라도 자신의 방식으로 새롭게 표현할 수 있으며, 타인과 친밀하고 영적인 교감을 나눌 수 있다.[4]

'사랑받는 일'과 '사랑할 만한 사람이 되는 일'을 비교하며 생기는 역설과 씨름하던 내 친구 피터는 나우웬에게 이런 논평을 남겼다.

신이 나를 '아무 조건 없이' 사랑한다는 사실을 받아들인다면, 이를 굳이 다른 사람에게 확인받아야 할 필요도 없다. 나 자신으로 그대로 '남은 채' 그저 손을 내밀기만 하면 타인도 갖고 있을 사랑과 교감할 수 있기 때문이다. 이 믿음이 약해지면 우리는 사실 사랑받을 만한 존재가 못 되며 타인에게서 사랑을 얻어내야 한다는 생각에 빠지기 시작한다. 모든 사랑이 처음부터 신에게서 온다는 사실을 받아들이면, 타인과 사랑을 주고받는 의미를 완전히 새로운 관점에서 보게 된다.[5]

이 글에서 피터는 사랑의 에너지는 그게 무엇이든 간에 얻을 수도, 강요할 수도, 통제할 수도 없다는 역설을 표현한다. 이런 에너지라면 경험하고 목격하며 타인과 공유할 수 있을 뿐이다. '사심 없는 사랑'이 바로 이런 에너지라고 할 수 있다. 타자로부터 자신의 삶을 구해주는 특정한 반응을 얻어내겠다고 계획하는 일이 아니기 때문이다. 이런 사랑 속에서 타자는 본질적으로 타자 그대로 남을 수 있다. 무언가를 얻어내겠다는 이유로 우리 자신만의 심리적 온전함과 (타자와 다른) 별개성을 버리고 타자를 따를 필요가 없어진다. 그러므로 우리는 자유로울 수 있다.

말로는 쉽다. 그러나 해묵은 문제들이 슬슬 다시 머리를 들고, 루미의 시 속 잠 못 이루는 두 사람에게 밤은 괴로울 뿐이다. 자신을 온전히 책임지는 일에는 엄청난 용기가 필요하다. 그리고 순전히 혼자 해결해야 할 때도 많다.

홍관조가 거의 한 달 동안 모습을 보이지 않았다. 제 짝을 찾은 것인지, 유리창에 부딪히지 않는 방법을 배운 것인지 궁금했다. 그러나 결국 새는 다시 돌아왔으며, 지금도 여전히 하루에 몇 번씩 투명한 욕망의 한계를 향해 자기 몸을 던지고 있다. 이 새도 언젠가는 우리처럼 어리석게 행동하지 않는 방법을 배울지도, 아니면 우리 모두를 환상으로 유혹하는 마야의 베일을 아예 찢어버릴지도 모를 일이다.

홍관조의 행동은 우리와 똑같다. 이 새가 겪는 고통은 우리의 고통이며, 이 새가 가진 갈망은 우리의 갈망이다. 우리는 서로 다르지만 그 이면은 모두 이 새와 같다. 그러나 우리는 갖가지 욕망에 둘러싸여 서로 떨어진 채

의식의 고통을 감내할 수밖에 없다. 홍관조의 연약하면서
도 간절한 마음속에는 불멸의 정열이 있으며, 우리 또한
그와 똑같은 정열을 지니고 있다는 증거다.

융 심리학 용어 설명

감정feeling 융이 제안한 성격 유형 모델에 등장하는 정신의 네 가지 기능 중 하나. (나머지는 사고thinking, 감각sensation, 직관intuition이다.) 콤플렉스가 작동한 결과 나타나는 정서emotion나 정동affect과는 다른 개념이다.

개성화individuation 자신의 강점과 약점처럼 다른 사람과 다른 자신만의 심리학적 현실을 의식적으로 깨닫는 것. 개성화를 이루면 자기Self가 정신을 관리하는 중심이 되는 걸 경험하게 된다.

그림자shadow 주로 인격의 무의식 부분으로, 의식적 자아가 거부하거나 무시하는 부분. 긍정적/부정적인 경향이나 태도가 모두 들어가는 게 특징이다.

동시성synchronicity 외부에서 일어나는 사건과 심리적 상태 사이에 일어나는 우연의 일치. 인과관계는 없으나 의미가 있다.

상징symbol 근본적으로 알 수 없는 대상을 표현하는 데 가장 좋은 방식. 상징적 사고symbolic thinking는 우뇌 지향으로, 논리적이며 직선적인 좌뇌형 사고left-brain thinking를 보충해준다.

신비적 관여participation mystique 원시적이며 무의식적으로 이어진 상태로, 이 상태에서는 자신과 다른 사람 또는 다른 대상을 분명히 구별하지 못한다. 동일시identification와 투사projection의 이면에 숨어 있는 현상이다.

아니마anima(라틴어로 '영혼soul') 남성의 인격 속 무의식에 존재하는 여성적 측면. 아니마는 꿈속에서 여성의 형태로 등장하며, 그 이미지는 아이에서 자신을 유혹하는 사람, 그리고 영혼의 인도자까지 다양하다. 남성의 아니마 발달 수준은 그 사람이 여성과 관계를 맺는 방식에 반영된다.

아니무스animus(라틴어로 '정신spirit') 여성의 인격 속 무의식에 존재하는 남성적 측면. 아니무스는 꿈속에서 남성의 형태로 등장하며, 그 이미지는 근육질에서 시인, 영적 지도자까지 다양하다. 여성의 아니무스 발달 수준은 그 사람이 남성과 관계를 맺는 방식에 반영된다.

원형archetype 원형은 스스로 나타날 수 없으며, 이미지나 아이디어, 또는 집단 무의식 속에 등장하는 공통적인 패턴이나 모티브의 형태로 의식에 등장한다. 원형적 이미지는 종교, 신화, 예술의 기본적 내용물이다.

자기Self 전일성의 원형이자 정신을 관리하는 중심. 개인에게는 자아를 초월하는 초자연적인 힘(예를 들어 신)으로 경험된다.

자아ego 의식의 중심이 되는 콤플렉스. 자아가 강하면 무의식에서 활성화된 내용물(다른 콤플렉스 등)과 자신을 동일시하는 대신 객관적인 관계를 맺을 수 있다.

전이-역전이transference-countertransference 특정한 경우에 발생하는 투사 현상. 내담자와 심리치료사가 심리치료 중에 갖게 되는 무의식적·감정적 유대를 설명하기 위해 사용되는 용어.

초월적 기능transcendent function 반대되는 것들이 뭉쳐 갈등을 일으키다 의식에 의해 갈라지고 긴장이 해소된 다음 무의식로부터 (상징이나 태도의 형태로) 새롭게 생겨나는 중재적 관점.

콤플렉스complex 강렬한 감정으로 들어차 있는 아이디어나 이미지의 모임. 콤플렉스의 핵심에는 원형이나 원형적 이미지가 자리잡고 있다.

투사projection 자신의 무의식이 가진 특징을 외부의 대상이나 타인이 가진 것으로 인지하는 자연적인 과정.

페르소나persona(라틴어의 뜻은 '배우가 쓰는 가면') 개인이 사회 속에서 갖는 역할이며, 사회가 개인에게 갖는 기대와 더불어 어린 시절의 훈련으로 생겨난다. 페르소나는 타인과의 접촉을 증진하는 한편 보호를 위해 자신을 숨기는 데도 유용하나, (의사·학자·예술가 등) 특정한 페르소나와 동일시가 이루어지면 심리적 발달이 저해된다.

형태 갖춤constellate 다른 사람이나 상황에 강렬한 감정적 반응이 있을 때마다 콤플렉스가 그 형태를 갖춘다(작동한다).

주석

1장. 잃어버린 낙원: '자기Self'를 찾아서

1 홉킨스의 소네트 "As kingsfishers catch fire," p.67.

2 "Ode: Intimations of Immortality from Recollections of Early Childhood." in *The Norton Anthology of Poetry*, p.552.

3 "Fern Hill," 같은 책, p.1181.

4 융은 자율적 콤플렉스autonomous complex의 존재를 최초로 설명했다. "The Association Method," *Experimental Researches*, CW 2, 그리고 "A Review of the Complex Theory," *The Structure and Dynamics of the Psyche*, CW 8을 참조할 것. (이 책에서 CW는 '카를 구스타프 융 선집The collective Works of C.G. Jung'을 가리킨다)

5 "Introduction to Wickes's 'Analyses der Kinderseele,'" *The Development of Personality*, CW 17, par.84.

6 같은 책, par.87.

7 "Marriage As a Psychological Relationship," 같은 책, par. 328.

8 "Introduction to Wickes's 'Analyses der Kinderseele,'" 같은 책, par.80.

9 "사랑이 다스리는 곳에는 권력을 향한 의지가 없다. 그리

고 권력이 지배하는 곳에는 사랑이 부족하다."(*Two Essays*, CW7, par. 78)

10   "The Families of Origin of Social Workers," p. 21.

11   같은 책.

12   "The Relationship between False Self Compliance and the Motivation to Become a Professional Helper," p. 46.

13   "내가 누군지도 모른 채 마흔이 되었다The Middle Passage: From Misery to Meaning in Midlife," pp. 9ff를 참조할 것.

14   "The Fury of Overshoes," *The Norton Introduction to Poetry* 중, pp. 15f.

15   Delmore Schwartz, "The Heavy Bear Who Goes with Me," in Richard Ellmann and Robert O'Clair, eds., *Modern Poems: An Introduction to Poetry*, p. 320.

2장. 에덴 프로젝트: 다시 하나가 될 수 있을까

1   나는 베일에 싸인 이 힘을 우리가 어떻게 기억하며, 그 보이지 않는 힘의 흔적과 움직임을 어떻게 추적하는지를 나의 책 "Tracking the Gods: The Place of Myth in Modern Life"(국내 미발간 – 옮긴이)에서 다뤘다.

2   "Aion," CW 9ii, par. 126.

3   Keith E. Davis, "Near and Dear: Friendship and Love Compared."

4   Angel Flores, ed., An Anthology of German Poetry from Hölderlin to Rilke, p. 305에서 인용.

5   Sam Keen and Anne Valley-Fox, *Your Mythic Journey*, p.26 을 참조할 것.

6 같은 책.

7 "The Psychology of the Transference," *The Practice of Psychotherapy*, CW 16, par. 422.에 등장하는 융의 도식을 변형했다.

8 'To the Fates," Flores, ed., *An Anthology of German Poetry*, p.7에서 인용.

9 "Two Poems by Rumi," R. Bly, ed., *The Soul Is Her for Its Own Joy*, p. 139에서 인용.

10 "The Tavistock Lectures," *The Symbolic Life*, CW 18, par. 352.

11 *Psychology and Alchemy*, CW 12, par. 346.

12 *Projection and Re-collection in Jungian Psychology: Reflections of the Soul*, p. 199.

13 *Mysterium Coniunctionis*, CW 14, par. 705.

14 퍼넬러피 피츠제럴드Penelope Fitzgerald의 소설 *The Blue Flower*, p.56에서 인용.

15 I and Thou. 마리오 재코비Mario Jacoby의 "The Analytic Encounter: Transference and Human Relationship"도 참조할 것.

16 *Rilke on Love and Other Difficulties*, p .28.

17 "The Holy Longing," Bly, ed., *The Soul Is Here*, p. 209에서 인용.

18 "Love Song," Flores, ed., *An Anthology of German Poetry*, p. 390에서 인용.

19 *Poems, 1924-1933*, pp. 48f.

20 "Ode on Melancholy," *The Norton Anthology of Poetry*, p.

663에서 인용.

21   18번 주석을 참조할 것.

3장. 커플: 만남과 헤어짐

1   *The Blue Flower*, p. 82.

2   같은 책, p. 91.

3   이 장에서 풀어 설명한 이들의 사상은 Horney, *Neurosis and Human Growth: The Struggle toward Self-Realization*; Riemann, *Grundformen der Angst* (Basic Patterns of Anxiety); Kunkel, *Selected Writings*에서 확인할 수 있다.

4   *The Man Who Wrestled with God*, p. 26.

5   "Freud and Jung: Contrasts," *Freud and Psychoanalysis*, CW4, par. 774.

6   같은 책, p. 30.

7   *The Norton Introduction to Poetry*, p. 91.

8   *Jungian Psychology Unplugged: My Life As an Elephant*, p. 50.

9   "Analytical Psychology and Education," *The Development of the Personality*, CW 17, par. 154.

10   "Psychotherapists or the Clergy," *Psychology and Religion*, CW 11, par. 497.

11   "The Psychology of the Transference," *The Patience of Psychotherapy*, CW 16, par. 374.

12   "On Magic and Change."

13   *This Business of the Gods*, p. 78.

4장. 상처받은 에로스: 상처를 찾아가는 다섯 가지 이야기

1　*The Shaking of the Foundations*, p. 162.

2　영성과 열정적 사랑 사이의 관계에 대한 설명은 Nancy Qualls-Corbett, *The Sacred Prostitute: Eternal Aspect of the Feminine*을 참조할 것.

3　"사랑하는 여인을 노래하는 것과, 슬프도다, 저 숨겨진 / 피로 물든 죄 많은 강의 신을 노래하는 것은 완전히 다를지니." ('두이노의 비가Duino Elegies' 제3비가, 1-2행, p.21.)

4　*Puer Aeternus: A Psychological Study of the Adult Struggle with the Paradise of Childhood*를 참고할 것.

5　고통과 성장의 역동적 관계에 대한 본격적인 논의는 졸저 'Swampland of the Soul: New Life in Dismal Places'를 참고할 것.

5장. 관계의 확장: 영혼의 생명력이 있는 조직

1　"The Gifted Child," *The Development of Personality*, CW 17, par. 240.

2　*Letters*, vol. 2, p.118.

3　같은 책, vol. 1, p. 483.

6장. 당신 안의 신: 물보라 같은 눈길이 낙원을 향하다

1　*The Future of an Illusion*, p. 15.

2　같은 책, p. 3.

3　같은 책.

4　같은 책., p. 43.

5　"The Undiscovered Self," *Civilization in Transition*, CW

10, par. 512.

6   *Dynamics of Faith*, p. 16.

7   *Norton Anthology of Poetry*, p. 202.

8   "Psychology and Religion," *Psychology and Religion*, CW 11, par. 9.

9   *Letters*, vol. 2, p. 384.

10   *Psychology and Alchemy*, CW 12, par. 259.

11   "Crucial Points in Psychoanalysis," *Freud and Psychoanalysis*, CW 4, par. 606.

12   *Memories, Dreams, Reflections*, pp. 36ff를 참조할 것.

13   "The Undiscovered Self," *Civilization in Transition*, CW 10, par. 507.

14   Letters, vol. 2, p. 274.

15   이 작업에 대한 자세한 내용은 나의 책 *Tracking the Gods*를 참고할 것.

16   나는 나의 책《영혼의 늪지대Swamplands of the Soul》에서, 우울, 배신, 상실, 그리고 공포 등의 어두운 상태에서도 우리의 영혼을 넓혀주려는 손짓을 느낄 수 있다는 사실을 논의했다.

17   Robert Bly, James Hillman and Michael Meade, *The Rag and Bone Shop of the Heart: Poems for Men*, p. 496.

18   *Escape from Evil*, p. 97.

19   "Commentary on 'The Secret of the Golden Flower,'" *Alchemical Studies*, CW 13, par. 54.

20   "The Age of Anxiety," *Collected Poems*, p. 407에서 인용.

21   *Symbols of Transformation*, CW 5, par. 551.

22   *Memories, Dreams, Reflections*, p. 140.

23 "Sunday Morning," *Norton Anthology of Poetry*, p. 929에서 인용.

24 같은 책, p. 1055.

25 "Ode on a Grecian Urn," 같은 책, p. 664.

26 "Now It Is Time that Gods Came Walking Out," *Ahead of All Paring: The Selected Poetry and Prose of Rainer Maria Rilke*, p. 193에서 인용.

27 《도마복음서》 80:14

28 Interview in Good Housekeeping, December 1961.

29 Anthony Machado, "Last Night, As I Was Sleeping," Bly, *The Soul Is Here for Its Own Joy*, p. 253에서 인용.

30 Kabir, "Breath," 같은 책, p. 88.

나오며: 잠 못 이루는 두 사람

1 "The Psychology of the Transference," *The Practice of Psychotherapy*, CW 16, par. 454.

2 같은 책, note 16.

3 저자와 교신한 내용이다.(확인 요망: 시에 딸린 주석)

4 *The Genesee Diary*, pp. 83f.

5 내 친구 피터가 나우웬에게 보낸 편지의 일부분이다.

참고문헌

Auden, W. H. *Collected Poems*. New York: Random House, 1976.

Becker, Ernest. *Escape from Evil*. New York: MacMillan, 1985.

Bertine, Eleanor. *Close Relationships: Family, Friendship, Marriage*. Toronto: Inner City Books, 1992.

Bly, Robert, ed. and trans. *The Soul Is Here for Its Own Joy: Sacred Poems from Many Cultures*. Hopewell, NJ: Eco Press, 1995.

Bly, Robert; Hillman, James; and Meade, Michael, eds. *The Rag and Bone Shop of the Heart: Poems for Men*. New York: Harper Collins, 1992.

Buber, Martin. *I and Thou*. Trans. Walter Kaufmann. New York: Scribner, 1970.

Campbell, Joseph. *This Business of the Gods*. In Conversation with Fraser Boa. Caledon East, Ontario: Windrose Films, 1989.

Carotenuto, Aldo. *Eros and Pathos: Shades of Love and Suffering*. Toronto: Inner City Books, 1989.

Davis, Keith E. "Near and Dear: Friendship and Love Compared." In *Psychology Today*, vol. 19, no. 2 (Feb. 1985).

Dunn, Stephen. *New and Selected Poems, 1974-1984*. New York: W.

W. Norton and Co., 1994.

Ellmann, Richard, and O'Clair, Robert, eds. *Modern Poems: An Introduction to Poetry*. New York: W. W. Norton and Co., 1976.

Faulkner, William. "A Rose for Miss Emily." In *Collected Stories*. New York: Random House, 1956.

Fitzgerald, Penelope. *The Blue Flower*. New York: Houghton-Mifflin, 1995.

Flores, Angel, ed. *An Anthology of German Poetry from Hölderlin to Rilke*. New York: Doubleday Anchor, 1960.

Freud, Sigmund. *The Future of an Illusion*. New York: W. W. Norton and Co., 1961.

The Gospel According to Thomas. New York: Harper and Brothers, 1959.

Hahn, Fred. "On Magic and Change." In *Voices*, October 1975.

Hanna, Edward. "The Relationship between the False Self Compliance and the Motivation to Become a Professional Helper." In *Smith College Studies in Social Work*, vol. 18, no. 3 (1990).

Hollis, James. *The Middle Passage: From Misery to Meaning in Midlife*. Toronto: Inner City Books, 1993.

_____. *Swamplands of the Soul: New Life in Dismal Places*. Toronto: Inner City Books, 1996.

_____. *Tracking the Gods: The Place of Myth in Modern Life*. Toronto: Inner City Books, 1995.

_____. *Under Saturn's Shadow: The Wounding and Healing of*

Men. Toronto: Inner City Books, 1994.

Hopkins, Gerard Manley. *A Hopkins Reader*. Ed. John Pick. New York: Doubleday, 1966.

Horney, Karen. *Neurosis and Human Growth: The Struggle toward Self-Realization*. New York: W. W. Norton and Co., 1991.

Jacoby, Mario. *The Analytic Encounter: Transference and Human Relationship*. Toronto: Inner City Books, 1984.

Jung, C. G. *The Collected Works* (Bollingen Series XX). 20 vols. Trans. R. F. C. Hull. Ed. H. Read, M. Fordham, G. Adler, Wm. McGuire. Princeton: Princeton University Press, 1953–1979.

_____. *Letters* (Bollingen Series XCV). 2 vols. Ed. Gerhard Adler and Aniela Jaffé. Princeton: Princeton University Press, 1973.

_____. *Memories, Dreams, Reflections*. Ed. Aniela Jaffé. New York: Pantheon Books, 1961.

Kafka, Franz. *The Diaries of Franz Kafka, 1914-1923*. Trans. Martin Greenberg. Ed. Max Brod. London: Secker and Warburg, 1949.

Kean, Sam, and Valley-Fox, Anne. *Your Mythic Journey*. Los Angeles: Jeremy P. Tarcher, Inc., 1989.

Kunkel, Fritz. *Selected Writings*. Ed. John Sanford. Mahwah, NJ: Paulist Press, 1989.

Lackie, Bruce. "The Families of Origin of Social Workers." In *Clinical Social Work Journal*, vol. 32, no. 1 (1983).

MacLeish, Archibald. *Poems, 1924-1933*. New York: Houghton–

Mifflin, 1933.

The Norton Anthology of Poetry. Ed. Alexander Alison et al. 3rd ed. New York: W. W. Norton and Co., 1970.

The Norton Introduction to Poetry. Ed. J. Paul Hunter. New York: W. W. Norton and Co., 1991.

Nouwen, Henri. *The Genesee Diary*. New York: Doubleday, 1989.

Pascal, Blaise. *Pensées*. New York: E. P. Dutton and Co., 1958.

Plato. *The Republic*. 2nd. ed. Trans. Desmond Lee. Harmondsworth, U. K. : Penguin Books, 1974.

_____. *The Symposium*. Trans. W. R. M. Lamb. Loeb Classical Library. Cambridge, MA: Harvard University Press, 1961.

Qualls-Corbett, Nancy. *The Sacred Prostitute: Eternal Aspect of the Feminine*. Toronto: Inner City Books, 1988.

Riemann, Fritz. *Grundformen der Angst*. Munich: E. Reinhardt, 1977.

Rilke, Rainer Maria. *Ahead of All Parting: The Selected Poetry and Prose of Rainer Maria Rilke*. Trans. Stephen Mitchell. New York: Modern Library, 1995.

_____. *Duino Elegies*. Trans. C. F. McIntyre. Berkeley: University of California Press, 1963.

_____. *Rilke on Love and other Difficulties*. Ed. John Mood. New York: W. W. Norton, 1975.

Sanford, John A. *The Invisible Partners: How the Male and Female in Each of Us Affects Our Relationships*. New York: Paulist Press, 1980.

_____. *The Man Who Wrestled with God*. Mahwah, NJ: Paulist
  Press, 1987.

Sharp, Daryl. *Getting To Know You: The Inside Out of Relationship*.
  Toronto: Inner City Books, 1992.

_____. *Jungian Psychology Unplugged: My Life As an Elephant*.
  Toronto: Inner City Books, 1998.

_____. *The Survival Papers: Anatomy of a Midlife Crisis*.
  Toronto: Inner City Books, 1988.

Tillich, Paul. *Dynamics of Faith*. New York: Harper and Row,
  1956.

_____. *The Shaking of the Foundations*. New York: Charles
  Scribner and Sons, 1948.

von Franz, Marie-Louise. *Alchemy: An Introduction to the Symbolism
  and the Psychology*. Toronto: Inner City Books, 1980.

_____. *C. G. Jung: His Myth in Our Time*. Trans. William H.
  Kennedy. Toronto: Inner City Books, 1998.

_____. *Projection and Re-Collection in Jungian Psychology*.
  Trans. William H. Kennedy. La Salle, IL: Open Court,
  1980.

_____. *Puer Aeternus: A Psychological Study of the Adult Struggle
  with the Paradise of Childhood*. 2nd ed. Santa Monica: Sigo
  Press, 1981.

Winnicott, Donald W. *The Maturational Process and the Facilitating
  Environment*. New York: International Universities Press,
  1965.